A Soh Wi Do It!

A Hilarious Collection of Jamaican Sketches

Joelle Cohen Wright

ACKERPOD
PUBLISHING
www.ackerpodpublishing.com

Copyright © 2011 by Joelle C. Wright

ISBN: 978-0-9829984-0-3

Cover Design and Illustrations: Devonee Thompson
Editors: Amri H. Joyner and Nancy Blackwood
Photography: Katherine (Kate) Craig

Published by AckeePod Publishing
Springdale, MD

Printed in the United States of America.

Reader feedback appreciated at: joelle.c.wright@gmail.com

DEDICATION

To

My readers who have a sense humor.
Continue to love, live and laugh a lot!

And

In memory of my late dear grandmother, Mrs. Myrtle Cohen, the funniest person
I know. I love and miss you!

Table of Contents

Acknowledgements

Thank you God for giving me a creative talent that has made this book possible!

Special mention goes to my *Jamaicans.com* family, who were nothing but encouraging and have always pushed me to pursue my dream. This book is result of your constant motivation and I love and appreciate you all.

I wish to express my deep sense of gratitude to Xavier Murphy, founder and creative genius behind *Jamaicans.com,* for his shrewd guidance and dedication to see me succeed. Thank you for giving me a platform to showcase my work over the years. None of this would be possible without your unwavering support.

I am also extremely grateful for the insightful and supportive editorial guidance of Amri Joyner and Nancy Blackwood, whose friendship and professional collaboration throughout the editing process meant a great deal to me. I greatly appreciated your commitment in reading and giving honest feedback.

My deepest appreciation goes to you, the reader for picking up a copy of *A Soh Wi Do It*. I trust this book will make you laugh until you split your stomach wide open. My aim was to do that much damage (smiles). Thank you for supporting my first book.

To all my crazy friends, I thank you for your enthusiasm about the book and for your consistent positive input. Thank you all for believing in me.

Finally, I would like to express my heartfelt thanks to my family for their unconditional love and support for anything I aspire to accomplish. Thank you all for allowing me to laugh, grow, and most importantly, to dream!

Joelle C. Wright

ii

Mix Up and Blenda Series...

'Mix Up and Blenda' depicts Jamaica's rich cultural traditions, ethnic diversity and community dynamics. The sketches flaunt the humorous, entertaining and sometimes contentious side of Jamaicans.

The stories are carried out at specific events set in Jamaica with elements of various characters in "mix up" situations that produce a dramatic, engaging and comical outcome.

The 'Mix Up and Blenda' series explores the unique colloquial expressions Jamaicans use to communicate their assertive and not-easily-dominated personality; not to mention their brazen, take no prisoners attitude.

"A soh wi do it!"

Earl & Enid's Wedding Day

A sunny Saturday afternoon marks the day for the wedding of neighborhood sweethearts, Earl Spyder and Enid Thompson. The hot sun glares through the open skies over the Nutts Hill Baptist Church where the couple is expected to share their union with friends. Inside, the church clock inches toward 3:30 PM and the bridesmaids and groomsmen anxiously look for any sign of the couple who were an hour and a half behind the scheduled start time.

The photographer wipes a trickle of sweat running from his brow, as the sweltering heat pierces through his bush jacket. The videographer peering through his camera, circles the church echoing with chatter as some guests voice their frustration with the lateness of the couple.

Judith: But a wah kina wedding dis weh di bride an groom noh show up all now fi di ceremony? Cho! A bet seh Earl ketch Enid wid har wan time speego, Reggie, an cawl aff di wedding. A have a bad feeling in di pit of mi stomach seh sumting bad a goh happen tideh yuh noh.

Fae: Lawd noh seh dat Judit'. A ongle hope dem noh call off di wedding caah mi inna di mood fi some black cake. If anyting happen, is Earl fault. Dat bway chase frack tail like when yuh si dem hungry belly fowl a chase cockroach.

Jacklyn: Miself only deh yah fi some black cake to Fae. Earl mussi get ketch wid im lang time sweetheart Chantel. Dat gyal have im pan lack. Enid betta know seh Earl have har pan speed dial pan im cellula. But really dowe, a wanda a what a gwaan why dem noh ketch yah yet?

Karen: A how much time Enid shi a married now anyway? Mi marrid 13 years now an if mi husban eva lef mi, mi naah marrid again a backside. Dis marrige ting is too much wok an di man dem too hard fi home train.

1

Sarah: Dat good fi yuh Karen, but di loneliness a get to mi now. Mi divorce fi 10 years now an wan minute mi waan marrid again, an di nex minute mi change mi mine. Now mi a tink if dat deh bush gyal Enid can marrid, den dere is hope fi mi.

Joycie: Gyal, yuh betta get yuhself a Rastaman. Mi meet a Rasta an im tek wan good look pan mi, an mi tek one good look pan im teelie, an di res is history.

Jacklyn: (*In agreement*) Yes Sarah, dis is di season fi di Rasta teelie! Get it while supplies last girl!

Carol: (*Laughing*) Unu noh easy a backside. But seriously dowe, unu noh tink Enid shoulda sign a pre-nuptial before shi marrid dat bway? When dem man ready fi lef yuh dem gi yuh hell yuh noh. Dem tek every striking ting fram yuh an lef yuh fi mine di pickney dem.

Maxine: Dem noh need noh pre-nup nutten! Di two a dem noh have a dyam ting to dem name. Enid nat even live noh weh good. Dat a di problem wid people dese days, dem mek money run dem life to much. Dem need fi have more love inna dem heart an tap run dung money.

Judith: (*Changing the subject*) All unu a chat, look ova deh soh pan di wan Carmen. Mi waan fi know a weh shi a goh wid di whole bungle a weave weh wrap round har head wid di tracks dem full a dandruff. Den look how har behine cock up to noh. What a ugly sight dat man.

The exchange between the women did not sit well with the man seated directly in front of them. He turns around from his seat to give the women a piece of his mind:

Judge Bailey: Hey, unu cyaan tek unu time? How unu ooman soh malicious wid di gassiping soh?! All unu a do is siddung yah a chat people bizness and bad mout dem. Cho! (*Whispering*) By di way, Enid a breed fi smaddy else but unu neva hear dat fram mi.

Sarah: (*Grinning with excitement*) Hey Heya! Tory come to bump! A soh mi hear to yuh noh Judge B. Den it look like Earl nat even know seh shi a carry di belly. Poor ting noh know seh im a get jacket an winta coat pan tap a it! Mi sarry fi im, but a im wrang fi goh tek up careliss gyal.

Gail: Lissen noh, unu tap ie! A dem gassip, gassip ting yah wreck relationship, ruin people reputatian, cause heartache, nightmare an colic. Unu too blinking wikid an bad. If unu know seh dem sinting deh noh true, unu fi SHUT UP!

The church secretary, a well respected elder of the community, walks over to the rowdy guests and scolds:

Sister Faith: Please be quiet in here! Unu tone down the language and obey the church rules. Show some reverence in God's house or else mi separate unu dis minute!

Gail: Sarry yuh hear Sista Faith, yuh know how it goh arredi when dem people yah aggravate yuh nerve.

Sister Faith walks back to the entrance of the church to continue her duties as greeter and usher. A debonair looking man standing six feet four, decked out in an orange pinstriped suit, completed with a black snake skin pair of shoes, taps her shoulder to get her attention:

Nutsman: Aftanoon Madda. Mi deh pan di VIP lis an mi tink mi bedren Earl seh mi fi siddung a di front seat soh mi can get a full size view.

Sister Faith: There is no such seating arrangement sar. If yuh is here fi di groom, den yuh fi siddung pan di lef side an katch any weh yuh can fine a space.

Nutsman: Madda a how yuh a mek it look soh? Yuh mean dere is no perkulations fi mi since mi is a family memba? Big, big VIP like mi noh siddung inna back row seat, yuh si mi?

Sister Faith: Well yu a di bigges VIP fool mi eva buck up pan. Maasa, almost everybady in yah is family incase yuh neva know. How yuh fi soh brite an waan special treatment like yuh a smaddy important. Tek di program fram mi an galang goh katch yuh behine pan wan empty seat roun a back - bout VIP!

Nutsman shrugs his shoulders and proceeds down the aisle searching for a place to sit. He sees an empty seat beside a Rastaman and makes his way in the direction.

Nutsman: (*Gestures to the Rastaman*) Anybady a siddung yah soh bedren?

Rorie: Yes baas. King Selassie-i seateth by my side 24x7, ya'noh seeit. But since im naah come a di weddin, yuh can hole di seat mi bedren.

Nutsman: (*Looking confused as he stutters*) Se-se-lassie? No offense dread, but dem bury Emperor Haile Selassie fram back inna '75. Yuh waan tell mi seh duppy falla yuh 24x7?!

Rorie: (*Very angry, he snaps*) YOW YOW YOW...UNU CUT OUT DI CONSPIRACY!! JAH LIVETH! I AN I FEEL HIM IN MI SOUL! Rastafari bun fiyah fi all who seh JAH dead an tun duppy! Bun fiyaaah fi all bald head who noh love Rasta! Bun out sodoma an dem evil conception! Some a unu feel say since a man believe inna certain tings im a ediat...who? RED HOOOOOTT FIYAH pan yuh bald head bway!

Nutsman: (*Continues to provoke the Rasta*) Trus mi bedren, di whole Ebonite tribe dead out an bury sumweh pan tap a Mount Zion, undaneat wan big pile a rackstone. (*He laughs*)

4

Rorie: (*Becoming more agitated*) A weh di bum-bum klaat yuh a come fram wid yuh tribe af Ebonite bald head bway?! I man is a Rasta from di tribe of Reuben! Yuh know bout Reuben iyah?! Well im wussen noh blurtseed Ebonite! Yuh evilous chat a disrespec Bobo Shanti, who is a descendant of David and annointed by Jah like all Kings. Noh mek mi get ignorant inna di people dem church an tump yuh inna yuh mout yuh noh chi-chi bway. Bun fiyah pan yuh an yuh Ebonite canspiracy!

The noise and the uproar from the Rastaman annoyed a young lady seated next to him.

Sandra: Bway, mi noh know how me soh bad luckied. Mi always en up wid wan chattabax a siddung side a mi any weh mi goh. What a Rastaman can chat like im feed pan fowl batty! Cho! It would be bad an noh soh bad if weh im a seh mek any blastid sense. (*Kiss teet*)

Slick Rickie: Some people chat too much fi true man. Dem betta noh mek mi muscle up di strent fi tell dem shut dem trap an have mannaz! Some a dem in yah nat even smell soh good. Come in like a mussi one degeh-degeh basin a wata dem bade inna dis morning.

Barry: (*Smelling his under arm*) Sorry boss, a muss mi smell soh. Usually mi bade dung a riva side, but di sun neva come out dis marning fi warm up di wata. Dat deh riva wata soh cole dat yuh tan all 2 mile an hear mi a scream like smaddy a murda mi! Nat even mi foot battam mi coulda wash dis marning before mi come a di weddin.

Suddenly, the groom sprints into the church looking shabby and ruffled. He appears as if he was in a dogfight with his pants crotch torn and hanging. His hair is uncombed and filled with sand. His shoes are barely on his feet, as he limps his way to the front of the church.

Earl: (*Out of breath*) Hello everybody. Mi apalagize fi come soh late, but unu noh waan know wah happen to mi. Wan bway outta street try fi rab mi gole chain affa mi neck but mi buss up im klaat. Wan lang story, but mi is here now an Enid soon come.

The guests' eyes widen with alarm as they stare intently at the groom. Meanwhile, outside a taxi pulls up and the bride could be seen through the light tinted glass of the vehicle. Her brother, who was to give her away, rushes towards the taxi, opens her door and reaches for her hand.

Denton: Enid yuh late noh rahtid. Earl im jus reach yah to. Im in deh look like dem crush callaloo. Mi hear im a tell people bout man try tief im gole chain, but mi tink a Chantel yaad im a come fram enoh Enid. Yuh sure seh yuh waan marrid dat gigolo bway?

Enid: Denton, mi noh waan hear nutten bout noh Chantel! Mi marriding tideh caah mi mek up mi mine fi goh troo dis ting. Im is much betta dan dem odda 7 husban who neva good fi nutten. Earl tek very good care a mi, soh beg yuh tap cawl Chantel name to mi.

Upon seeing the bride exit the taxi, the wedding party got into their places. At the sound of the piano keys, the bridal party marched through the aisle waving and winking at the admiring guests. One of the bridesmaids tries hard to control her knees from knocking together, to no avail. The inward twisting of her knees interferes with the rhythm of the march. The wedding party: Delvina, Lorna, Neville, Barry, Maid of Honor Carmen and Best Man Dwayne, align themselves in the front of the church as the Pastor signals the bride to make her appearance. Then with one loud strike of the piano key, the guests rise to their feet.

Denton: (*Folding her hand under his arm*) Ah-rite Enid your time now. Yuh ready? Lef foot fus. NOH DAT LEF - di odda one!

Enid: Tek time wid mi noh man! Mi nervous soh til mi feel fi wet up miself. Cho! Ah-rite, mi ready now.

As the bride and her give-a-way march down the aisle, some of her judgmental guests grudgingly critique her as they look on:

Judith: Eeh eeh, what a gyal head tan bad! A dat Lorna do wid Enid head? Bugga! If dem did mek mi do har hair as a hexperience bootishan and barba shi woulda look more beautifishious fi har wedding. Look how har head fayva like seh fowl did a scratch out di front fi fine place fi lay egg.

Carol: Sshhh!! Tap yuh nize noh gyal! Neva mine har head. Lorna neva do a bad job. Lorna seh shi have a Bachelas degree inna hair creaming. Is jus dat Enid head tough an it noh tek crème good.

Judith: Well di special tanic mi use inna my crème coulda tendarize dat tough head betta dan dat.

Maxine: But Judit', mi tink it did betta shi did goh a my hairdressa. Dat ooman do hair good, an all yuh haffi do is tip har wid a bucket a Kentucky Fry Chicken. Shi woulda all touch up har roots dem an sprinkle lickle bit a silva glitta inna har head mek shi look like smaddy.

Judith: Lissen to mi Maxine, shet yuh mout bout goh a fi yuh hairdressa. Nobadda come try spwail up my bizness. At least mi wouden bun up Enid farrid like how fi yuh hairdressa bun up fi yuh!

Fae: Mi raah! Unu look deh! Den a who stitch dat deh wedding frack? Afta it noh tan good pan har.

Carol: (*Defensive*) How yuh mean? Dat come straight from mi boo-ti-que line. Dat a di lates lick name '*Eggsup An Brite*'. All Earl a wear some a mi '*Leggo Mi Balls*' pants line. Yuh noh si how dem look trash an ready!

Fae: (*Laughing*) Dem look like trash fi true. Mi noh know bout di ready part. Dat deh frack tail nat even hem straight. An a di fuss mi eva si smaddy sew white frack wid black tread. Sinting look ugly noh fawt.

Once at the end of the aisle, Denton gives his sister away to the groom. Earl takes the hands of his bride-to-be and they both face the Pastor. The Pastor dressed in a felt hat with a cigarette barely balancing on his earlobe, makes his opening remarks:

Pastor Eddy: Hear mi know massive an crew, wi a run late soh mi noh inna di lang tawking right now. Please put yuh hands tiggeda for our soloist, Mistress Karen Nelson, who shall sing an inspirational sang fi open up di wedding ceremony. UNU CLAP HAR!

Karen: (*Stands beside the podium*) Tank you Pasta Eddy. (*She clears her throat and begins*) Dis one reaching out to mi sistren Enid. Gi mi a ridim deh bands man! Watch dis...it name...

> Shi shi, shi gat di gun inna har panty
> Shi shi, mine shi shoot yuh wid ie
> Shi shi, shi gat di gun inna har panty
> Shi shi, mine shi shoot yuh wid ie
> Shi use to geet to rude bway Reggie
> Im get Hess -Tee-Dee an Dacta cyaan cure ie...

The 5-piece band with its dub-based sound, supplied the rhythm that naturally moves the guests to their feet. Karen's solo energizes the packed church to begin to bubble and wine with cigarette lighters lit, swinging side to side above their heads.

Pastor Eddy: (*In the background shouting*) WHEEL!! A BIG CHUNE!! MORE FIYAH!!

Karen wraps up her solo selection and heads back to her seat in the midst of a resounding applause from the delighted guests and Pastor.

Pastor Eddy: Yes sexy...uhhmm mi mean Sista Karen. Dat was a wikid selection fi real! Trus mi! Anyway, breddas, sistas, comman-laws, skettels and all careliss maties...ti-day is a very special day - halleluyah! Praises be to di Loooooord because on dis day - halleluyah! Mi say on dis day, we will be preparing to witness the holy matrimony of two a wi own. Tenk yuh Puppa Jesas! Tideh dis tyrant gyal gwine get married to di insect bway. Can I get a Amen?!

The Guests: (*In unison*) AMEN!

Pastor Eddy: Nothing...mi say nothing in dis worl of iniquity can stan in di way of dese two love birds as dem prepare fi lizard lap dem wan aneda. Tenk yuh Jesas! Mo' fiyah...uhhmm I mean praise di Lord! If anybaddy in here know anyting dat can prevent dese two from jine up, please seh it now. An tek all di time in di worl caah dem a pay mi by di hour - halleluyah!

Whispers blanket the church as some anxiously look around to see if anyone would object to the union. A lady wearing a broad, pink feathered hat boldly raises her hand to speak:

Josephine: Yes Pastor Eddy, mi have sumting to seh. Unu jus betta tap dis yah pappy show right now caah anybady a goh married to Earl is me! IMAGINE mi tun mi back fi 2 minutes an dat bull frag yeye gyal Enid tief mi man an den a come married im aff. Naah sah, NUTTEN NAH GOH SOH!

Dwayne: (*Steps out of formation*) YES Josephine! Tawk di troot my girl! Dem mussi tek wi fi ediat! All di pramises weh dis dry foot gyal mek to mi, now shi a tawk bout married to Earl! Mi neva did even waan bi di meingy bway bess man enoh. Well mek mi tell unu sinting - NAT A WARRA-WARRA WEDDIN NAAH GWAAN AS LANG AS MI LIVIN!

Pastor Eddy: Hey wait a minute now. Miss lady have a seat, yuh broad hat blocking di view of di people in di back. YOUR OBJECTIAN IS OVA RULED! An Mista Bess Man, how yuh a behave like a lickle sissy soh? Lord figiveth me. Troo di girl gi yuh a wan slap an shi neva like it yuh tun sour puss? Well di wedding a gwaan tideh yuh noh baas. Yuh si like how I man

9

gamble out every penny to mi name, mi a get my money wort outta dis. By the way, yours truly is hosking di cangregation to please mek out unu church building fund donation checks to *'Eddy dash Pinnock Incorporated Unlimited'*. Gad wi bless unu.

Delvina: (*Protesting*) But si yah! A wedding dis or church a convention? Dis yah church dun buil fram 1967. Nat a ting lef fi buil pan it. Yuh tink wi noh know seh yuh a fraud Pastor Eddy?

Pastor Eddy: Sista, please spoke when you are speaken to. Yuh andastan standard patwa? Good! Now hush yuh mout an hole di bouquet an mine yuh mek di flowas dem drop out a grung.

Carmen: (*Whispers in the bride's ear*) Lawd Enid, dis yah pastor a mad man to fawt. Yuh coulden fine smaddy else fi marrid yuh? All im good fah, a fi look up unda di sista dem frack tail. An look how im a stare dung inna yuh ti-ti dem.

Enid: (*Whispers back*) A di bess mi coulda do Carmen. Di ress a Pastor dem fram di community deh a jail fi children molestation.

Out of nowhere a foul odor seeps into the air from where the bridal party stood. The people closest to the stifling stench reacted with repugnance.

Delvina: (*Covering her nose*) A who jus poop man?!

Lorna: Sarry! Di presha pill dem weh Dacta gi mi have some side effect.

Pastor Eddy: (*Fanning nose*) Good Lawd Almighty! For dose who doan know what a gwaan up here, Sista Lorna jus cut a fawt! Unu praise di Lowd seh unu dung deh soh. Massi Jesas, di sinting TINK!

Earl: LAWD A MERCY! Can wi get back to di wedding PLEASE! Pastor hurry up an mek wi seh wi vows before dem people yah tek jealousy an mash up wi weddin!

Pastor Eddy: Bedren noh bawl offa a man of God like dat again before a bax yuh wid mi 2 by 4. Have paychence! Awoh! As I was saying, Lord you are our rock! Lord tenk yuh fi di pretty girl dem yuh have siddung in a di front row! I wanna give a shout out to mi bedren Pastor Willie of di Tird Circuit an Deacon Charlie from di Secon Baptist. Hol' tight Deacon caah yuh know yuh is di choir girl dem shuga - tenk yuh Jesas! Well bredda Early B, please to exchange yuh vows, an tawk loud soh di harda earring people a back can hear yuh.

Earl: (*Turns towards the bride*) Enid mi dawling, I promise to love an honor you all the days of my life. I promise to full up yuh belly wid plenty lickle childrens. I promise fi tek care a yuh hargasum as lang as yuh tek care a fi mi. I promise not to snore like a fog horn an kip yuh up all night lang. Dese tings I promise to you mi shuga plumps.

Enid: (*Facing the groom*) Puttus, I promise to love an obey yuh an noh fake hargasum. I will pramise dat if yuh naah do it right, mi wi tell yuh to yuh face weda yuh like it ar nat. If yuh waan bex, bex an galang. I promise to tell Daddy fi stap fiyah shat afta yuh. I promise dat if yuh neva eva want to watch 'Soul Food', wi will goh si 'Big Mama's House' instead. Dese tings I promise to you mi stamina daddy.

Pastor Eddy: Amen – halleluyah! Lovely, lovely vows. Bredda Earl, yuh can tongue dung di bride now.

The groom kisses his bride to the cheers and applause from the guests.

Jacklyn: (*Holding back tears*) Love, love, aaahhh love. I memba dat good ole feeling. Yuh heart beating madly, yuh han dem clammy, yuh mout dry and yuh 'tomach full up a butterfly til yuh tink yuh gwine faint weh. Oh it is so good to see love praspa.

Sarah: Love praspa mi back foot! Jacklyn, what yuh doan know is dis yah marrige naah laas paas tomorrow.

Gail: How yuh fi seh dat Sarah? Dem is di two a di most lovilishious couple mi eva si inna mi life.

Sarah: (*Chuckling*) Hey heya! Yuh jus wait til shi fine out seh im a garbage man. Shi gwine dump im like stale meat! Dat deh gyal tell mi seh shi naah deh wid nobaddy weh pick up garbage a roadside. Earl mussi tell har seh im a Manija up a Bag&Pan factory. Nat a ting noh goh soh.

Karen: Seh wah?! A weh Enid a do man?! A how shi fi soh careliss fi noh know seh Earl a garbage man? Not me a backside! Mi woulda radda marrid smaddy weh sell Gleana dung a Down Town Parade, dan pick up garbage man.

Maxine: Yuh galang! A true yuh young yuh can tawk soh. Mi soon tun ole ooman soh mi noh have noh time a watch job tikle. Any day shi lef Earl mi a crape im up! Di laas 8, 9 ar 10 man dem mi did deh wid treat mi like rubbish, soh mite as well mi tek up wid garbage man fi a change. Any day mi get a hole a im, a chain up im backside up inna mi bedroom hevery day an lef im in deh fi marinate til mi come home fram wok.

Gail: Sshhh!! Di couple a come dis way, lowa dung unu vice!

The bride and groom stroll down the aisle hand in hand, waving at the cheering onlookers, high fiving as they make their way to the exit. Outside, the couple climbs into an awaiting taxi and heads to the reception site with scores of people leaving behind them.

The groom's brother, Neville, had agreed to host the wedding reception at his home. Upon entering through the gates of the dusty yard, it was clear that he made no effort to decorate for the matrimonial occasion. The house stood lifeless with its tattered and badly maintained exterior. The guests make no attempt to hide their disgust of the appearance of house on their faces. The bride and groom were already seated on plastic chairs covered with crocus bags. Renaissance Sound system had already begun playing the latest hit songs from a small space on the verandah. As soon as the guests settled in their seats around the uncovered wooden tables, the Master of Ceremony takes the microphone to make an announcement:

Neville: (*Waving to the DJ*) Hey, hey DJ yute...tun dung di blastid music soh mi can chat to di people dem. Yes...yes good evening people. I know mi is nat alone when I say congratulations to Mista and Mistress Spyder. The ceremony was the funniest ting mi eva si since mi si di Virgin Mary pan di back a mi wife bingo baggy. Well as fi di program dis eveling, fuss ting is di toast, den di couple fuss dance, cutting of di cake, den unu can nyam, den afta dat unu can shake two foot an goh a unu yaad when unu feel like. Mek sure unu memba all a dat caah mi naah come back up yah an seh nutten more fi di ress a night. Now Jaycie, come up to di front an mek di fuss toast to di marrid people dem.

Joycie: (*Takes the mike*) Good eveling all. It gives me great pride an jay to have wikniss dis marrige. Enid is fambli. She is mi wan an only distant, distant, distant cousin. A warning bredda Earl fi kip im feelers to imself caah di Tompson breed noh fraid fi crush a spida, especially di big ugly black wan dem - awoh.

Judge Bailey: (*Drunk, he stands and raises his glass*) Ladies an gentlemans, as di only Judge dat wikniss dis holy matrimony, let me say a hearty congratulations to di newlyweds. It so good fi si two people in love but it even sadda when mi really know seh dem soon come a mi courthouse fi get divorce. Soh Enid, when yuh an Earl mash up, call mi yuh hear love. I will be standing by. I ress my case!

Fae: (*Stands up to toast*) Enid, mi have to give it to yuh, yuh wedding was fantastic aldowe mi have a heart gense yuh. Afta mi trow bridal showa fi yuh, yuh neva have di desency fi mek mi bi one a yuh bridesmaid jus troo yuh si mi belly fat up soh. I neva know seh yuh heart soh evil. It noh matta mi dowe, caah di bridesmaid frack dem fayva sinting outta circus. But anyway, mi is a Christian ooman an mi doan carry feelings fi people,

13

soh may Gad Bless yuh an Earl.

As the evening drew darker, the guests head to the long wooden table laden with greasy prepared dishes ready to please their taste buds. A rather portly lady serving the food calls out to people to try her specialty:

Hortence: Come and get yuh jerk chicken! Mi slave ova dis all marning. It taste good cyaan dun! Come people step up! Jerk fowl ova here!

Lorna: Ms. Hortence, it look good fi true but mi drink hat tea dis morning an scald aff di roof a mi mout. Mi sarry mi cyaan even enjay di lickle bickle to rahtid.

Hortence: (*Licking her fingers*) Poor ting! Yuh missing out pan a good ting Lorna. Beg yuh step aside an mek oddas come troo. Jerk chicken over here people!

Karen: (*Frowning*) But look how dat nassy ooman a use har finga tek up di chicken an a lick har finga. NASTINESS! Dis is a very good time fi mi goh back pan mi diet. Shi goodly all jus dun dig out har nose hole wid di same finga. She waan smaddy goh ova deh an gi har two bitch lick!

Joycie: Yuh tink she bad yet? If I tell yuh some stories weh gwaan up a Carmen restaurant, yuh woulda neva nyam deh again. Mi glad Enid neva mek har cook fi har wedding, caah everytime mi nyam fram har, mi siddung pan tielet fi days!

Sarah: Well nutten naah tap mi fram nyam tideh yuh noh. Dis marning mi tek wash out jus fi mek space fi dis yah food. Wah no kill mi, wi fatten mi. Unu betta dan mi but mi well hungry. Ms. Hortence, give mi a plate a dat jerk chicken please...wid some rice an peas, potato salad, one cornbread, some a di steam cabbage, pieca jerk powk, one a dem bwail carn deh, two slice a tough bread, an a backle a earated wata.

When all were served, the guests sat all around the yard, savoring the tasty home cooked meals with soft music serving as a soothing backdrop. When it was time to get the dancing started, Neville takes the microphone to make another announcement:

Neville: Ah-rite people, a time fi unu git up an goh pan di varandah soh di party can start – zeen? Beg unu memba fi look backa di door fi di house rules. Mi noh waan noh carousin an tearin up af mi place. Mi jus paint up di wall dem an put in bran new tile.

Carol: (*Mumbles to herself*) But si yah! Smaddy can mash up house weh mash up arredi? Im noh si seh dis yah house have wan more breeze blow before it pap dung a grung?

The guests begin to dance to the reggae beat pumping from the high-powered speakers. The loud throbbing bass of the music pounds the ailing roof, shaking it mercilessly.

Karen: (*Bottle in hand*) Wooiiee party time! Mi unda mi liqua an mi have mi backle a white rum. Hey selecta, run wan a di 'cool and deadly' ridim fi mi, mek mi show dem people yah how fi wine an goh dung.

Maxine: (*Dancing*) BRAP BRAP!! Mash up di place selecta! Si mi yah wid mi glass a rum punch an mi big spliff!

Rorie: Unu ole an deh. Wan a unu show mi how fi do di dance name di iceberg an di nex wan name di cyclone. How unu do dem deh dance deh?

Karen: (*Demonstrating the dance*) Come Rorie, mek mi show yuh. All yuh do is gwaan like you a wan iceberg an den goh roun an roun like wan cyclone. Ben up yuh back an twis an tun. Wheel an spin again an rack two side. Yuh get dat?

Rorie: Yuh know what Karen, neva mine. Mi wi gwaan do mi wan foot skank. Rasta noh mek outta elastic ban fi a ben up soh.

One of the more flamboyant gentlemen catches the eyes of a few ladies as he takes center stage of the dance floor. In the space he created for himself, Slick Rick grinds his hips to the furious reggae beat. He knows he is the star of the show and he loves every minute of it.The ladies wanted more.

Lorna: (*Singing*) GO RICKIE! It's your birthday...go Rickie...go Rickie!

Delvina: (*Cheering along*) Gwaan troo Rickie!! Goh deh bway! Ketch di lickle mawga battam to noh. Woooiieee! It sweet mi soh til!

Feeling confident and enjoying the attention, he removes his belt from his waist, pulls down his pants to his hips exposing his boxers and twirls his bottom round and round. A crowd soon gathers around him and the very entertained female onlookers continue to cheer him on:

Karen: (*Holding up a bill*) TEK IT ALL OFF RICKIE! TAKE IT OFF! GI WI STRIP SHOW BWAY!! Woooiieee! Rickie goh stan up pan di table an work fi yuh money bway!

Slick Rickie: (*Exhausted from all the dancing*) Ah-rite, ah-rite, mi naah gi unu no more scrip show. Unu ooman mussi tek mi fi freak. An who di frig tek sinting an lick mi pan mi battam? Yow Earl, a hope a noh yuh do dat enoh mash mout bway.

Earl: Hey Rickie, a who yuh really a deal wid my yute? Come again propa when yuh a address mi yuh hear sah. Beg yuh lef out dat "mash mout bway" bizness caah mi nat even did deh two foot fram yuh. Mi rue fi dat! Look how much ooman roun yuh. A cyaan wan a dem lick yuh?

Enid: (*Pushing Earl away*) Is ah-rite, come baby. Calm down mi love. Mine yuh loose yuh tempa an lick dung di mawga bway. Mi tiyad now anyway. Mek wi goh home an lef di ole krebbe dem to demself.

The bride and groom ask the DJ to stop the music temporarily so they can say their good-byes to the guests.

Enid: (*Takes the mike*) Hello frens and family. Tank unu for coming to dis manumentrous occasion to celebrate di union of mi an Spidie. Right now wi gwine put up fi di night. Wi want to tank Neville fi hosting di reception fi wi. Aldowe di place noh tan good, wi will sen yuh di deposit nex mont. Tanks to Carol di bess dressmeka in di bizness. Tanks fi meking mi bridesmaid dem look fantabulous.

Carol: Yes my girl…anytime! Yuh did look well trash. Yuh dun know! Nobaddy cyaan stap yuh!

Enid: (*She continues*) To all di badmine ooman dem weh did a chat mi, unu noh mek mi buck unu up pan a dark road – unu hear mi?! Also, want to sen a big up to mi wan an only bredda Denton for giving me away tideh. But lawks, when yuh did a march mi dung di aisle, yuh neva tap tep up pan mi toe. All now di carn dem pan mi toe still a bawl out fi mercy. Finally, to all of yuh lovely people weh come a wi weddin, wi love unu all but wi notice seh nat wan a unu gi wi any new crockery fi wi watnot. But unu mek sure unu come a mi weddin wid unu lang belly dowe. Mi neva know seh a soh unu mean an tan bad. But is ah-rite, wan day fi unu day wi come. Unu all have a pleasant goodnight an wan love!

The Guests: (*In response*) BYEEEEEEEEEEEE!

Judith: A weh yuh tink dem a goh fi dem honeymoon Lorna?

Lorna: Dem naah goh nat a bloody place but straight dung a di gully weh Earl live.

Sarah: Wat a ting eeh? Is a bloody shame! But as mi dun tell unu arredi, dem naah lass pass tomorrow. Memba mi tell unu dat!

Negril Road Trip

A fun filled three-day weekend in Negril was planned among a group of neighborhood friends. The organizer of the event hired her brother-in-law, a local bus driver, to take the group on their well anticipated trip. Everyone had agreed to meet at the bus stop on Harbor Street, Kingston where the bus would pick them up 6:30 AM on a Friday morning.

Friday morning crept in filled with what was to be a weekend of party and splendor. The trip organizer, Desrine, walks hurrridly up the street and sees a small number of her friends already waiting at the bus stop. She greets them with hugs:

Desrine: Marning people. What a nice day fi a road trip, eeh? Di bus noh reach yah yet?

Big Yute: (*Agitated*) How comes unu always a come a di bus stop an si people tan up deh an ask if di bus come yet? If di bus did come, yuh woulda si wi a tan up yah? Cho! Mi cyaan tek ediat qwestian sometimes yuh noh.

Desrine: Yuh coulda jus seh no an dun enoh Big Yute. Nobadda come nyam mi up soh early inna di marning yaah maasa.

While others wait for the bus, a young man who was not so poplular among the women approaches with a brown paper bag in hand.

Roland: (*Grinning ear to ear*) Good morning ladies. How is you all today? (*Dips his hand in the paper bag*) I braughts red roses for you all nice ladies. Here is a rose for you and you and you...

Candy: (*Surpised*) Coo yah! A wah fly up inna your head dis marning Roland? Tank yuh love. But jus soh yuh know, mi prefa white rose nex time.

19

Janet: Rahtid! Roland a galang like sweet bway. It look like yuh mussi bruck yuh ducks laas night. (*Laughing*) If a laff a kin puppalick tideh!

Gloria: (*Looking suspiciously*) Whappen Roland? Yuh bump yuh head pan di bedhead dis marning? Eida dat ar yuh mussi let Gad inna yuh life ovanight. Tank yuh fi di beautiful rose honey bunch.

Jenny: A cyaan believe mi yeye site! Tank yuh Roland. (*Whispering to Gloria*) A wanda if im rig di sinting fi blow up inna wi han miggle sah?

Roland: I see you ladies are shocked and perplexed, however, it doesn't takes a lats for me to be nice to people. All that you need is to have a pasitive hattitude and that will bring hout a smile on your face that says, "Yes I feel good!" Today is a good day for a bashment and I am feeling hall right.

Sadie: Kackafart! Unu noh si seh Roland a chat the Queen's English to rahtid. IS NAT IM!! Kill mi dead, Roland sen im twin bredda come yah! Mi SEH IS NAT IM!!

Lisa: Yuh si it to Sadie. Roland look like im a cultivate a farrin hoccent pan wi – noh true?

Desrine: Bway Roland, I doan care what dem say bout yuh, you are a King fi tinking bout us ladies an giving us rose fi di weekend. Bless your heart mi dawling.

Roland: (*Grinning with pride*) You are welcome ladies...you are most welcome.

Patrice: Psstt Desrine...come yah lickle bit darling. Mi waan ask yuh sumting in private...

They both walk away from the group to have a private talk.

Patrice: Tell mi sumting, yuh do weh mi tell yuh an run backgroun check pan dem people yah? Some a dem a ole criminal yuh noh. Between dah buck farrid bway Roland and bumpy face Jenny, mi cyaan fine mi husban Rolex watch fram dem lef mi yaad.

Desrine: Yes man! Mi run di check dem. Di only wan weh come up wid recard a di shart tumpa foot bway, Big Yute. Im did goh a prison fi bax dung im gyal jus troo shi disrespec im inna public.

Patrice: Ah-rite, lickle bax dung a noh nutten. Dat can paas. Mi jus noh waan noh trubble pan dah trip yah a-tall, becaah mi noh fraid fi pull out mi ratchit knife pan anybaddy who waan come tes. Yuh si mi?

Desrine: Good looking out mi fren. Mi so excited fi dis yah bashment trip. It gwine to be di BOMB mi a tell yuh!

Patrice: A only hope soh, cause mi noh know why yuh neva consult mi when yuh a plan dis ting. Mi tink a Treasure Beach wi shoulda did goh, soh wi coulda mingle wid di touris an laff affa some a dem wid dem baatsuit a itch up inna a dem mawga behine.

Desrine: Everting set right Patrice. Noh worry yuhself sistren. Mi know yuh a boss pan bashment, but mi did waan do dis miself fi buil up mi self esteem.

Patrice: Yuh shoulda come to mi dowe, caah yuh si how much bashment mi kip a mi yaad dat di whole neighbahood a call my yaad, '*Bashment Jaint*.' Yuh dun know seh mi a tapanaris when it come to dat arredi.

Soon after, they hear the roaring sounds of the bus coming around the bend. As the bus appears in full view, a thick black smoke follows its trail. The back wheels hung lower than the front pair. Its muffler grips the sticky, black asphalt road creating sparks of fire as it drags along. The bright red, green and gold mud-spattered bus reveals its dented exterior

21

and broken left headlight, completing its look of fatigue. The driver sounds the deafening horn and yells through the window:

Lenky: WATCH DI RIDE!! BASHMENT BUS COMING TROO!! WATCH DI RIDE!!

Candy: (*Laughing*) But si yah Lawd! Mi can tell unu right off the bat dat dis yah bus come fram sumweh dung a country! Look pan all a di red dirt pan di bus side. A muss Sint Elizabeth it a come fram!

Jenny: True wod Candy! A ongly country yuh si dem yah crassis dutty bus yah. A dis Desrine get fi carry wi a Negril inna?! Di dyam bus nat even look like it can hole carna good. Ketch di sinting pan di one wheel. Jesas Savia, it ago tun ova wid wi tideh tideh!

Winston: Blurtnaught! Mi tink seh a ongly bicycle wan coulda pop wheely to blow wow. Den a really dis yah mash up bus wi a tek goh Negril? Look how much decent robot outta road yuh coulda charta an a dis yuh come wid Desrine?

Desrine: Afta nutten noh wrang wid di bus. As lang as di sinting gat gas inna it, it wi do.

Robert: (*Laughing*) Merciful Faada! Desrine, dat deh bus naah mek it uppa Melrose Hill when it ketch Manchesta. Mi noh even tink it ago mek it outta any a di tree millian pothole it ago drap inna!

Roland: (*Continuing to twang*) Unu cool noh meng! At least the suspension 'olding hup!

Jenny: To tell unu di troot mi woulda rada walk dan goh pan dat deh ride deh! Anyhow, is wan step up fram riding wan dankey cyat to Negril, soh mek wi mek di bess a it.

22

The bus pulls up in front of the waiting crowd and the driver opens the doors to allow the passengers to climb aboard.

Lenky: Step up people! Step up! Beg unu watch unu step when unu a come in. Mi noh rispansible if anybady slide an buss dem mout pan di step.

The group pushes and shoves their way in the bus fighting to get to unoccupied seats. They all squeeze into the narrow seats - some with their buttocks hanging off into the aisle. There were still some trying to find comfortable seats.

Robert: Psstt...hi sexy...sexy girl...psstt! Janet a yuh mi a chat to yuh noh! A how yuh a hignore big man soh?

Janet: Weh yuh a badda mi fah Robert? Yuh noh si mi a try fine a seat?!

Robert: Come siddung beside mi noh sweets. (*Pointing to his lap*) Si wan saaf comfortbale seat yah soh baby doll.

Janet: No tank yuh. Mi waan siddung beside mi bess fren Sadie.

Sadie: Woooiieee!! Smaddy get a bulla! Hey bway, hole yuh carnas! Di ooman noh want yuh. Betta yuh galang goh fix yuh teet! Yuh noh si seh dem a malice aff yuh gum bway?

Robert: Shut up yuh blinking mout noh broad nose gyal! Anybady a chat to yuh? If a mi like yuh mi noh chat bout smaddy gum enoh. Fi yuh gum dem nat even heng up good inna yuh mout to rahtid!

Big Yute: (*Scuffling to find a seat*) Oye! Unu tap ie nize inna mi head! Too much a unu in yah man! Yuh mean fi tell mi seh some a unu cudden goh siddung pan tap a di bus? Unu noh noh know nutten bout weight distribution?

Sadie: Hey BIGHEAD bway! A mek yuh tink seh di driva waan people fi goh pan tap a im bus? Afta Lenky noh waan im bus fi come mash up.

Big Yute: Hey JACK RABBIT! Mi waan fi know why you tink seh di driva care bout if im bus mash up. Yuh look pan dis yah sinting good? Yuh noh si seh it mash up arredi? If im did care bout im bus, im woulda fling yuh rahtid aff a it! Yuh blastid face bumpy-bumpy an fayva dem batta bruise soursop!

Robert: Mi seh di gyal eggs up yuh si Big Yute. Cho! Har mout come in like straina. Nat a blastid ting can hole in deh. A neva si smaddy can galang like dem neva-come-si buttuh soh!

Desrine: Big Yute an Robert, unu cyaan behave unuself man? Mek unu haffi galang soh awful? All a unu weh noh fine seat yet, unu hurry up an fine place fi siddung an mek wi get dis show pan di road man.

Candy: (*Standing in the aisle, hands akimbo*) Soh wah? Mek people a get upset when mi a try siddung beside dem?

Big Yute: Cause fat ooman mek mi start feel hungry all of a sudden when unu siddung side a mi. Heheheheee. Hush yaah Candy, a lickle joke mi a run wid yuh baby.

Candy: Noh run noh blastid joke wid mi! Yuh tink mi an yuh a size?! Mi prefa fi tan fat dan people like yuh weh dem mout tink like fawt!

Big Yute: Candy I knows dat mi an yuh a noh size baby. Look pan mi to yuh. Me chimpanzee...you gorilla. (*Sticks out his tongue at her*)

Gloria: Candy nobadda wid di crassis bway yaah. Mi is a big fat ooman miself an mi noh have noh problem wid it. Yuh noh si mi dress up inna mi mini skirt fi di bashment?! If di designer neva waan mi wear it, im shudden mek it inna mi size! Di nex bashment, watch mi pull out mi lizzad skin batty-rida!

Candy: (*High five*) You go girl! Yuh know yuh dress to the nines. Much respec!

Winston: Ah-rite come madda. Come siddung beside di mawga bway yah. Mi can hangle di extra cushian. A noh nutten. Come ress yuh battam side a mi baby love.

Candy: Tank yuh yuh hear dawling. It bun mi fi Big Yute yuh si. Im smell like any tinking curry!

Winston: Noh pay im noh mine yaah. Si wid im madda. Im a goh troo some ruff tings a yaad wid im ooman an im believe seh it easia fi treat ooman bad dan good.

Candy: (*She takes a seat beside him*) DYAM Winston! A how yuh smell like yuh noh bade fram marning eida?! Yuh smell like yuh jus put on some dutty clothes an run come ketch di bus!

Everyone in the bus burst into uncontrollable laughter.

Winston: (*Smelling himself*) Unu gweh! Mi noh shame. Mi neva bade dis marning caah di wata did too bloody cole!

Desrine: But savior devine, what a nassy wretch! Anyway, wi about fi start di journey now soh everybady sit tight. (*Signals to the driver*) PRESS OUT LENKY! PRESS OUT!

With that said the driver pulls down the emergency brake, adjusts his mirror and sounds the horn. He pulls away from the bus stop and begins the journey to Negril in the squeaking country bus.

Lisa: Larks! Mi doan too sure if wi ago mek it pass Spanish Town di way dis yah bus a shake out wi daylights. Come Gad's people, come jine mi in praya. (*She bows her head*) Lard Jesas, wi haffi travel up to Negril pan dis ole dinosaur bus an wi pray seh it noh bruck inna tree wid wi inna it. Heavenly faada, kip wi safe an soun fram batta bruising. Dese mercies wi beg in the name of di faada, di son an di holy ghost. In Jesas name, Amen!

Desrine: Amen sista Lisa! Unu tap fret pan di bus man. Wi ago reach ah-rite. Anyway people, nuff a unu neva pre-pay unu bus fare yuh noh. Soh all who owe mi money, mi a callect it now.

Patrice: (*Raises her hand*) How much mi owe yuh deh Desrine?

Desrine: Di bus fare a 700 dalla, Patrice.

Patrice: Is really a sin seh yuh charge soh much fi goh a Negril yuh noh Desrine. Yuh realize seh mi have four pickney a mi yaad fi feed?

Desrine: Mi neva beg yuh fi come yuh noh Patrice. Yuh coulda tan a yuh yaad an mine yuh pickney dem. If yuh ago pay di fare, pay it an tap yuh nize bout bus fare too high. Yuh noh si how petroleum price gaan sky high dese days?

Patrice: But si yah! Mi have mi money soh noh feel sarry fi mi - awoh! Si mi tousen dalla yah! An gi mi back mi change to. Brite!

Robert: Den Desrine, a hope yuh mek good, good plan fi dis bashment yuh noh. Mi did tell yuh fi mek mi help arganize it since mi have cantacts pan di Nart Coast an yuh seh yuh know weh yuh a do.

Desrine: Lawd Robert! Mi seh every ting set man! Mi get di '*Blue Lagoon Villa*' fi wi stay right side a di beach. An nuff place up deh fi wi shake two foot and let loose.

Robert: Wikid! Mi cyaan wait! A wanda if dem still have dah club deh name '*Bentleys*'? Wah mount a gyal use to roll up pan Tursday night a shack out inna dem bashy outfit and tite up sharts! A pare style an fashion ting use to gwaan dem time deh.

Sadie: Robert, it look like seh yuh need fi get out more aften seeing as how yuh a kin yuh big teet dem like dem Persian puss. Mi noh tink dem place deh still deh bout. Mi tink di owna bun dung dat deh place an run gaan wid di insurance money lang time.

Robert: Bway Sadie, a lang time mi noh reach dem place deh still. Some a mi ole spat coulda all shut dung, but mi tink some a dem still deh bout di place. Mi can carry unu goh show unu di spat mi a talk bout. Wan club name'*Road International*' a di lick up deh.

Sadie: Mine yuh mek mi goh a ole club and next ting yuh know it a chi-chi man club ar sinting wos. A woulda double up mi fist an gi yuh a pieca buss assin' noh stap yah soh!

Desrine: Unu noh hear mi seh unu noh have nutten fi worry bout man?! Mi set up everyting straight! Mi cova all di entatainment to. When wi ketch deh is pure niceness!

Patrice: (*Yelling from the back*) Oye deh knock knee gyal Desrine! YUH NAAH GI BACK MI CHANGE?! Look fram when mi gi yuh mi money!

Desrine: Have Mercy! Ooman yuh awful eeh? Mi always give back people dem change, soh doan come run mi dung fi di lickle trupance!

Patrice: Mi jus a wanda how lang yuh ago kip mi change caah mi know how some a unu tan. Always have dat bad habit fi hag up people money like a fi unu!

Lisa: Patrice, mi cyaan believe how yuh a mek fuss ova likle change. A soh yuh stingy an mean? Yuh coulden mek di lickle change slide an mek Desrine tek it mek up gas money? Jesas bare di cross I pray!

Jenny: Nat a backside noh goh soh! Shi mus get back har change. Yuh know how di ooman packit stay? Yuh a galang like a yuh a mine har.

Lisa: Larks unu stingy bad! If unu in need, take it to the Lord!

Jenny: Jus move fram yah soh! Bout "if yuh in need, take it to the Lord." How wi ago take to di Lard an wi noh know which part im live?

Patrice: Shi a mussi wan a dem weh noh gi back change to. Yuh si how har yeye dem dry!

Gloria: (*Laughing*) Lawd mi a dead wid laffing! Mi agree wid unu. Is di principle a di matta. Patrice a defen har money becaah penny, penny add up to nuff money. A true ting dat!

Desrine: Bway oh bway, mi noh know how unu tan soh. (*Hands over the some bills*) Si yuh change yah man!

Patrice: Tank yuh! Mek a count it fi si if it right, caah mi know yuh is a dyam jinal.

Desrine: Lawd Patrice is ongly 300 dalla! A wah inna dat fi count?

Patrice: Lowe mi mek mi count mi money! (*Counting aloud*) ONE HUNDRED...TWO HUNDRED...TREE HUNDRED! Oh yuh lucky! A ready mi ready fi lick out a teet if mi money did shart.

Desrine: Whateva! Driva mi a beg yuh fi stap up di street mek wi get lickle breakfaas yuh hear?

Big Yute: A ongly hope a noh di faas food place pan Staton Road unu a stap yuh noh! Dem ninkam-poo weh work up in deh cyaan get arda right a backside!

Desrine: No man! Wi a stap a wan breakfaas place affa Sligo Pen Road.

Winston: A noh dah shap weh deh side a wan chiney bakery yuh a talk Desrine?

Desrine: Yes Winston, it same one. Yuh know di place?

Winston: Of course mi know di place. Wan renking ooman run dah restaurant deh name Regina. Might as well wi plan fi arda lunch, caah dat deh place deh noh open til 12 a'clack an Regina slow noh bombawt!

A few minutes later, the bus pulls into a small parking space in front of the red brick front restaurant on the side of the street.

Desrine: OK people, mi know is nat much but Ms Regina price dem reasonable.

Winston: Aah sah! Mi naah seh nutten. Unu watch an si if a noh stale food shi ago serve wi an wi naah get serve til 12 a'clack tideh!

The passengers exit the bus, enter the restaurant and approach the counter to order breakfast.

Gloria: (*Pounding the counter top*) SEEERVE!! WHO DEH HERE?! Mi is in need of some breakfaas! SEEERVE!! But it noh look like nobaddy deh yah. A wah kina shap dis? Big 8:30 inna di marning an mi nat even si noh smoke roun a back. All dem time yah breadfruit shoodana roast an ting.

Winston: Weh mi tell unu seh? (*Pointing*) Look pan di big ole sign di renking ooman put up pan di door.

The sign reads:
"CUSTOMAS DO NAT DARK UNU BACKSIDE IN YAH BEFORE 12PM!"

Desrine: Lawd, a soh Miss Regina awful? Well, a hope at least shi ketch yah before Easta. A weh shi deh man?!

Without warning, a big black dog leaps onto the counter, startling the group.

Winston: RASTA GEORGE! Mi si seh Regina still have dawg a run har shap. What di hell is dis worl comin to? Well since a im deh yah a serve, mek mi put in my orda. (*Talking to the dog*) Yow mawga dawg, mi wi tek lickle hackee & saltfish to go please.

Robert: (*Laughing*) Hey Winston, it come in like dis yah dawg woulda run di shap betta dan Regina, soh mi naah complain. Hey wan teet mongrel, sell mi a cup a bush tea deh.

The dog growls and nods his head up and down as if to acknowledge the patrons and their requests.

Sadie: Mi cyaan believe mi two yeye dem. A really di dawg unu a arda food fram? A wan teet dawg at dat?! Den a im a di cook to? Lawd tek mi now, cause I have seen it all!

The dog continues to growl and suddenly lets out a loud, earsplitting bark.

Winston: (*Annoyed*) Lawd have mercy! What a dyam dawg nizy-nizy an miserable! Smaddy tell mi how mi can shat im backside an mek it look like a suicide! Anyting fi mek im tap di dyam barking a mi aize-ole! Cho!

Janet: Winston dats nat nice. Weh yuh waan kill aff di ooman dawg fah? At least im have di decency fi come greet wi. All now Miss Regina noh show fi har face yah yet.

Winston: Nobadda get sensitive pan mi yah now Janet. A joke mi a mek.

But if im noh tap di blastid nize, a gwine walk ova deh an gi im wan rahtid kick inna im seed bag!

Suddenly, the restaurant owner emerges through a screeching metal door. Her feistiness is evident as she snipes and fusses at her customers:

Regina: Wah di hell is all dis labba-labba inna mi place soh eary inna di marning?! (*Rubs her dog's head*) Bruno - good dog! Nex time anybady come to mi shap dis early, bite up dem backside yuh hear mi? Weh di whole a unu bungle up a mi shap front an a trubble mi guard dawg fah?

Winston: Seh wah? Guard dawg? A weh im a guard inna dis yah place missis? Smaddy fi come yah wan day an tief di dyam mawga, wan teet dawg! A "woof woof" dung di place like dat a friten nobaddy!

Regina: Come, come man, shet up yuh mout an unu step farwod an gi mi unu arda soh unu can hurry up an lef mi place.

Desrine: Mi naah step up to dat deh dutty counta weh di dawg did deh pan. An mi noh waan noh food weh have dawg slabba pan it. Mi is quite ah-rite. Mi noh feel fi noh breakfaas again.

Jenny: Yuh luckia dan mi. White squall a terrorize mi mout carna an mi lang fi nyam some callaloo. Ms. Regina, sell mi a plate a dat wid some fry plantain.

Big Yute: Is how come unu coolie people love nyam callaloo soh? A wah wrong wid unu?

Lisa: Modda of Jesas! How come yuh ask soh much blastid qwestian Big Yute? Mek di ooman arda har callaloo in peace noh! Cho! Ms Regina, all mi waan a some ganja tea fi lif mi up inna di marning yuh hear.

Big Yute: Big Christian ooman like yuh a drink ganja tea? Is what a gwaan inna di church dem dese days? Mine enoh! Anyway Regina mi love, mi wi nyam wan jackfish wid two bwail banana.

Gloria: Mi is a plentiful ooman an nyam nuff, soh please can I have four pieca fry bammy wid nuff saltfish an a slice a di blue drawz deh. An since it look like seh wi naah get noh food noh time soon, please gi mi a cup a mint tea soh mi can belch aff di gas affa mi chess. Tanks!

Regina: Mi waan know if unu neva si di sign outta door seh mi noh sell nutten before mid-day. Unu is a very trying set a gravalishious people! But since as unu deh yah arredi, mi will fix di lickle bickle fi unu, but unu doan mek dis customary fi come a mi shap before 12 a'clack! Unu hear mi?

The group sits around a single table in the dining area of the restaurant waiting for their ordered food. A few minutes later, the restaurant owner appears with a tray full of steaming food and places them in the middle of the table. While having their meals, one of the patrons has difficulty breathing. Holding his throat with both hands, he barely gets his words out:

Big Yute: (*Choking*) Lawd Woooiieee! Pieca...pieca fish bo...bone jam up inna di back a mi...mi troat...*smaddy heeelp mi*!

Regina: (*Slaps him on the back of his head*) Lawks ediat bway, fram di time yuh a nyam fish yuh noh larn how fi tek out di bone dem yet?!

Winston: Lawd ooman hush up yuh mout an bring di man pieca di tough bread yuh a sell an mek im swallow it. Yuh ago mek im tan yah dead pan wi?!

Lisa: If di bread doan wok unu bettah call ambulance quick, quick an pray seh haspital nearby! Or else may Gad ress im bady in peace!

Regina: (*Running from the kitchen*) Ie! Try swallaw dah pieca flour dumplin yah. If dat noh lodge out di bone, mi suggess yuh galang a di emergency room an nobadda believe seh mi have noh insurance money fram mi shap a gi weh.

He chews on the dumpling and swallows it gingerly. He feels the fish bone slowly sliding down his throat. He is breathing easily once again and lets out a sigh of relief:

Big Yute: *Aaahhh*! Lawd, look how mi coulda choke an dead lef mi Queen and har five bad breed pickney dem!

Desrine: Ah-rite, I say dis is enuff drama fi one marning. It a get late an wi nat even reach no weh yet. Mek wi lef dis ends now an get back to di bus. Miss Regina, tanks fi breakfaas an seh bye to di lickle mawga dawg fi wi.

Regina: (*Yelling as her partons walk towards the bus*) GOOD RIDDANCE! UNU WALK FAAS AN GALANG WEH UNU A GOH! Nex time mek sure unu noh come back a mi shap soh early again, unu hear mi?! Noh mek mi haffi tell unu again!

The group files one by one back to their seats on the bus.

Lenky: A non-stop a do dis ting yuh noh people. Soh if unu neva pee-pee, unu haffi hole it til wi ketch a Negril – zeen!

Gloria: Dat a if wi ketch deh. Dis yah sinting yuh a drive is nutten but wan lemon pan four wheel! Di engine soun like wan mi ole coffee grinda to rackstone.

Candy: Well if it bruck dung, all wi do is call fi a Penoverland bus fi come pick wi up an cantinue di journey.

Sadie: Candy, yuh always soun so precise an prezac. Mek mi ask yuh sumting, yuh eva do anyting spur af di moment fram yuh barn yet?

Candy: Den noh muss! Yuh tek mi fi saafas? Inna mi younga days mi skull school wan day an goh a mi bwayfren yaad goh tek a draw offa some high grade sensi. Whole day wi inna di bush a inhale til wi yeye bleed!

Patrice: RESPEC CANDY!! Niiiicee...good fi yuh! Respec my girl!

Sadie: Mi rahtid! Seh wah? Soh yuh was a rebel?! Woooiieee! Mi did tink when mi did drive crass country naked mi did spontaneous, but yuh have mi beat Candy.

Janet: Speaking of spantaneous, mi tek mi foo-fool self goh get marrid wan time outta di blue. A neva si sinting mi live fi regret soh inna mi life! Mi seh di sinting bun mi!

Candy: Lawd Janet, get ova it! A yuh wrang fi goh tek up man fram penitentiary goh marrid. Dat a noh spontaneous nutten. Dat is what yuh cawl blinking madniss!

Sadie: (*Reflecting*) An yuh know to bi hanest, dis bashment trip a di moas adventrous ting mi eva do. Usually mi noh like deh noh weh mongst too much tegereg fi too lang. Too much a unu cause too much badderation. Soh fi inna dis bus a bungle up wid unu is quite di challenge fi mi.

Candy: Well Sadie, wan a di main reason why mi decide fi come a di bashment a caah mi hear seh Sanchez ago deh a Negril. Mi personally waan meet him fi ask him why him luv tief people sang soh much.

Jenny: Candy as yuh a talk bout dat, yuh know who mi waan meet? Mi would luv fi meet Shaggy! Yes mi chile! Mi hear seh im might up dem ends deh to. Dat bway jus mek mi want fi jus - hehem! Well im jus mek mi feel like fi back-slide.

Janet: Jenny, yuh cyaan back-slide if yuh noh know nutten bout Jesas and church. But mi know weh yuh a seh dowe. Mi love di man soh til. A bet any money seh im Virgo like mi. Don't yuh a Virgo to Patrice?

Patrice: No way Jose! Yuh dun know seh a Scorpion zodiac sign rule! Wah mek unu tink mi cantankarus an luv mi own way soh? Anybady crass mi, mi jus tek out mi stingas an WAP dem! Awoh!

Gloria: Preach it Patrice! Mi a Scorpian to an wi sting hatta dan bees sting! SCORPIO A CARRY DI SWING! BRAP!

Janet: No sah! Scorpians too krumunjin fi mi. VIRGOS mek di nicest fren, modda, wife an sistas. A wi run tings, tings noh run wi. Aalll di Virgos weh deh bout, yuh dun know, it goh soh! BRAM BRAM!!

Winston: Lick shat Janet! Noh wonda mi spirit tek yuh mi sistren! (*With a thumbs-up gesture*) Aneda VIRGO inna di place!

Jenny: But coo unu to. Unu too dyam legggobeas an noh have noh braughtupsie. Librans a di bess inna di nort, sout, east an west! Yuh neva get good lovin' til yuh buck up a Libran.Trus mi!

Sadie: Jenny tell dem my girl. Yuh tink dem call wi 'Lucious Librans' fi nutten? Librans deh pan tap all di time. Wi noh sekkle fi secan place. Fuss place all di time!

Roland: (*Being funny*) A true seh Librans always have lice?

Gloria: (*Laughing*) Yes Roland! A TROO!! Woooiieee...mi ago dead wid laff. An dem have crusty foot to. Look pan fi Jenny heel back an unu can si seh a true sinting dat!

Big Yute: Dyam an blast, fiyah an brimstone! It naah goh soh! Capricorn people a di lick! Argument dun!

Patrice: Gweh! Unu CHEEEEAAPPPPP lacka wah! Yuh prably have di same dutty habit fi noh gi back people dem change. CHEEAPPP!!

Sadie: Dats right! Tell dem Patrice! All Capri-corny people step aside! Afta-all!

Lenky: (*Looking through the rear view mirror*) All unu a run up unu mout, unu fi know seh a Leos run tings. Big up all di Leos inna di bus!

Desrine: RESPEC DRIVA! LEOS A CARRY DI SWING BABY! Yuh dun know seh wi put all odda sign in front a firing squad an shat dem up dead! A yah soh it dun now, soh unu nobadda come wid dem odda ediat sign.

Big Yute: (*Jokingly*) Unu ears hard eeh man. Weh mi tell unu seh? Noh mek mi haffi get bringle in yah tideh yuh noh. If yuh a noh Capricarn, dress back an mek tapanaris people paas troo. Mi naah tell unu again!

Lenky: Wait deh, Capricorn a di wan wid di goat noh true? Di lion of di jungle represent Leos and nat noh fengke-fengke ram goat. Unu cyaan deh pan liss wid people like Napolean, Henry Ford, Neil Armstrong, Alexander Dumas, Alfred Hitchcock an di liss jus goes on an on...

Big Yute: A who all a dem dead people deh iyah? (*Kiss teet*) Bedren nobadda call dung duppy pan wi yaah. An kip yuh blastid yeye pan di road an mine yuh drive wi inna gully.

Robert: Unu fi really tap dis foolishness! Unu fi juss admit seh Saggi rule an galang bout unu bizness. Lenky tink im ago friten wi wid im liss a dead people. Unu noh know seh Saggi deh pan tap?!

Lenky: Unu can gwaan run up yuh mout pan mi. Noh worry, mi soon put yuh pan tap. A bet seh a heng out yuh blouse an skirt like dead meat pan tap a di bus mek yuh enjay di ride fram up deh! (*He laughs*)

36

Candy: Noh tek back chat Robert! (*Cheering*) SAGGI, SAGGI, SAGGI! WI A DI BESS! IF UNNO DOAN LIKE IT, JUS TRY COME TESS!!

Big Yute: Unu "SAGGI" fi true. Di whole a unu a sag fram tap to battam. Look pan all fi yuh bossum a sag dung til it nearly ketch a yuh knee cup. (*Laughing uncontrollable*) Woooiieee... mi ago dead wid laffing to rahtid.

Candy: KIRROUT tumpa foot bway!

Robert: Nobadda argue wid dem ediat people deh Candy. Di ongly sign Big Yute know a "Bad dog keep out", weh people put up fi kip im outta dem yaad.

Lisa: A wah a gwaan inna di bus eeh man? Mi deh yah a wanda if di Pisces people dem eva rule, if wi fi dash di ress a unu a gully or feel sarry fi unu an tun unu inna house maid! PISCES RULE! Glory Haliluyah!

Sadie: (*Holding nose*) Eeh eeh, sumting smell very fishy in here. Must bi dem fish smelling Pisces people a smell up di place soh. Let aff dem fishy people affa di bus driva!

Gloria: (*Laughing*) Yes! Fling dem back inna di sea! Mi noh know how unu tink unu rule when unu doan even know which way unu going. Unu eva si di Pisces sign? One fish a goh west an di adda a goh east. Unu is wan bag a canfusian. I gwine dead wid laff in yah tideh!

Roland: (*Amused*) Unu funny noh hell. But all unu a chat, di whole a unu fayva iran dankey! Aquarius a di bes! None a unu cyaan tess!

Janet: Cho! Unu dun now, cause everybady know seh Virgo ROCKS!

Patrice: Den rock on out of here big nose broad.

Desrine: (*Laughing*) Wooiieee...mi belly battam a hat mi fram di laffing. Is how wi get pan dis subjec anyway? Unu dun now man! If mi falla unu, unu dun out di entire alminac pan dis foolishniss. Mi noh know bout unu, but mi ago tek a snooze. Unu tiyad mi out wid all dis chatting to rackstone.

After hours of driving, the bus finally reaches its destination. From the bus window, the passengers could see the thick green bush on both sides of the road and the sun's reflection in the great blue body of water. The bus pulls to the side of the road to allow the passengers to exit.

Lenky: Well good people, wi reach safe an soun!

Lisa: (*Hands clasp under her chin*) Tenk yuh sweet Jesas!

Roland: Yeah, yeah! Di wedda nice outta door to! Watch di sexy girls dem wid dem coca-cola backle shape. Woyoiii!

Winston: (*Cautions as he looks through his window*) Wait a lickle bit, noh get too excited yet Roland.

Desrine: Whapen Winston? Why yuh face mek up soh?

Winston: Desrine, mi tink seh sumting wrang.

Jenny: Lord have mercy is wah wrang now?

Robert: Desrine, weh di place yuh seh wi ago stay by di beach deh? A pure bush mi a look pan out yah soh. Yuh sure seh a yah soh wi fi deh?

Desrine: Rahtid! Uuhmmmm...is here soh di brochure seh di place did deh. Mi swear pan mi madda-in-law grave! Mi cawl dung to yessiday an canfirm di place yuh noh.

Winston: A which numba yuh dial missis? 1-800-OLE-EDIAT? Noh hotel

38

noh deh yah fi wi stay! An imagine seh a tree day wi pay fi stay a Negril. A sheggries dis enoh Desrine!

Gloria: Cho mi bex yuh noh! Desrine, yuh mean to tell mi seh a big ass-tierin ooman lakka yuh cyaan put a lickle bashment tigeda? Wah di puss jook do yuh ooman?!

Janet: Lawd wi inna di miggle a no where. Dis wuss dan when wan bway did carry mi goh a wan graveyaad pan date. Weh wi ago do now?

Lenky: (*Clears his throat*) Hehem! Mi noh waan rub salt inna unu sore, but since as noh Blue Lagoon Villa noh deh yah, unu siddung back inna unu seat mek mi drive unu back a unu yaad.

Desrine: (*Being remorseful*) Lawd a feel like a bonehead! Mi is so sarry people. Unu noh bex wid mi – do! Mi wi gi unu back unu down payment.

Patrice: Aah bway! An look how yuh did a ole an pan mi rahtid change, eeh? Mi know seh dis trip did ago pwail enoh Desrine. A betta yuh did mek mi plan it fi yuh. Mi did tell yuh seh a Treasure Beach wi shoulda goh, but no - yuh nain lissen. Seet yah, wi deh a Negril bush like wi is some dyam escape monkey!

Desrine: A cyaan believe dis. Mi really feel bad bout di mix up. Mi wi do anyting fi mek it back up to unu.

With everyone disappointed by the turn of events, the silence was deafening. The only sound that could be heard from the bus was the sound of its overworked engine. Desrine makes another attempt to soothe over the friends she had let down.

Desrine: At least wi did get fi si Negril fram di roadside - right?

All: AAAHH SHUT THE HELL UP!

Bag&Pan Clothing Factory

The Bag&Pan Clothing Factory doors open to a slow and lazy Monday morning. The sun was half peeping through the clouds as the employees stroll in for what was to be a very eventful work day on the assembly line. The Shift Supervisor, Mrs. Charlene Walker, picks up her roll call sheet from her desk and walks out to the work area to take attendance. She calls out the names of the employees who were expected to show up for the first shift. As she calls out the names one by one, she realizes that a few employees have not yet reported for work.

Mrs. Walker: Where is Merna, Desmond an Marlene? Why a di same set a people always a show up late fi dem shiff dowe, eeh? Dem noh realize seh when dem late dem trow aff di whole day pan di assemble line?

Daphne: (*Complains*) Dats what mi cyaan tek wid black people enoh. Why dem cyaan respec people time and come a work when dem suppose to?! Look how mi batta-batta fi come here a marning time pan two jolly buss an dem cyaan reach yah yet. Dem fi kip up wid di ress a di worl man. Cho!

Mrs. Walker: But Daphne is not like yuh come a work early pan a regula, soh yuh noh have place fi chat. Di whole a laas week yuh suppose to deh yah fi 8 a'clack shiff an yuh noh ketch yah til lunch ready fi serve. If is me like yuh, mi noh fling stone like how yuh live inna glass house.

Phil: Mrs. Walker, wan ting Daphne have to realize is dat black people clack stay pan wan time. Wi goh strickly by colored people time. If yuh ask mi, a di ress a worl need fi kip up wid wi. Mi did soh glad when di govament cut out dat daylight savings time foolishness! A white man sinting dat.

While the roll call was in progress, a middle-aged employee rushes into the room to be marked present, as he finds himself running late again.

Desmond: (*Panting*) SI MI YAH! PRESENT! Sarry mi late but mi galfren mash mi up last night Mrs. Walker. Mi seh di ooman have mi a wok har til 6 a'clack dis marning. A nearly dead!

Mrs. Walker: Desmond how yuh can mek up soh much liyad story fi a big man soh? Yuh mussi tink seh mi bawn backa cow.

Desmond: Mrs. Walker, if yuh noh believe mi look pan mi han dem. (*He stretches his arms out*) Yuh si di breeda rope mark dem roun mi wrist? Di ooman tie mi up to rahtid an woulda kill mi wid wok! Look pan mi back how she crab mi up wid har finganail dem. A only Gad know how mi survive fi tell dis yah story!

Daphne: (*Rolls her eyes*) Desmond, bway yuh dangerous enoh. Yuh mussi tink seh wi a ediat in yah. Move an gweh wid yuh ole liyad self! Every marning yuh come in yah late wid different story. Yuh tink yuh a fool anybady wid dat deh cack an bull story bout ooman have yuh inna bandage whole night?

Desmond: Yuh si how unu ooman tan! Unu tink seh because mi is a man, ooman cyaan tek advantage af mi? Is how unu stay soh? If yuh did si dat big strapting gyal, unu woulda cawl ambulance fi mi right now. Unu move an galang!

Mrs. Walker: Ah-rite Desmond. Mi wi excuse yuh dis time. But lawks, dat mad bull yuh a sleep wid soun like dem skettel yuh si a slide dung pole inna go-go club. Mi know some a unu careliss man love deh wid some rugged krebbeh weh luv 'kin out dem chun-chun in front a some ole pervert.

Yet another employee comes running into the room just in time for her presence to be acknowledged.

Marlene: (*Breathing heavily*) Here! Present! Sarry mi jus a come. It tek lang fi chiney bump mi hair dis marning.

Mrs. Walker: Lawd Marlene, dat deh picky-picky head yuh have shudden tek more dan two minute fi chiney bump. Ah-rite, it a get real late an noh machine noh start run yet. EVERYBODY GET TO WORK NOW!!

At snail's pace, the Bag & Pan employees dragged their lethargic feet to their work stations. The typical banter among the workers is never about work but about each other:

Christine: Marning deh Churchie. How yuh do?

Churchie: Jus aneda day pan di ole wok yah gyal. Mi deh yah a tek in di lickle coolie gyal ova deh soh how har face white like chalk but rouna har yeye an mout black lacka charcoal. Mi have a feeling a bleach shi a bleach har face yuh noh Christine. Weh yuh tink?

Christine: It look soh fi troot. Shi noh know how shi have it good. Shi di deh a bleach when mi a bun up inna sun hat fi get dark! Dark skin is Gad blessen! A bet seh shi nat even know seh Gad bless har wid sinting name melanin.

Churchie: Melanin? A wah dat now Christine?

Christine: Cho girl, melanin a wah Gad give dark skin people fi mek dem skin smoode an noh look jookie-jookie an ugly like jackfruit 'kin.

Their co-worker overhears them slandering her appearance. She walks towards them as she edgily wraps her long Indian hair in a bun. Her steps are fast and heavy. She places her stubby nose against Churchie's face and rants in anger:

Bev: Hey church gyal! Yuh tink mi noh hear yuh ova yah a cawl mi bleach 'kin coolie noh?! People like yuh noh have nutten name common decency an yuh is nutten but a low class streggeh!

Churchie: Yuh know wah Bev, mi sarry fi mash yuh carn but who are you to cawl smaddy low class? Come outta mi face coolie gyal before mi sen yuh crass di room wid a bombawt bax!

Christine: (*Steps in between the two*) Bev relax an cool yuh foot. Churchie jus a show cancern fi yuh, cause yuh have such a nice pretty dark skin an yuh tek bleaching cream an bun up yuhself. Yuh mout carna nat even match yuh skin cola. Yuh a di fuss coolie mi si wid soh much shade all ova dem face.

Bev: Soh yuh a cawl mi coolie to?! Suppose mi fi cawl yuh a licky-licky, bang belly chiney gyal, how yuh woulda feel, eeh?

Christine: (*Loses her cool*) Hey gyal, noh mek mi affi trace yuh aff inna bakra workplace tideh enoh! Troo yuh si seh mi a browning an have lickle chiney inna mi, mi well black pan mi inside yuh noh! Mi wi tell yuh all sorta warra-warra klaat weh yuh neva hear bout fram yuh barn!

Daphne: (*Intervening*) Lawd unu tap it soh early inna di marning! Bev, how yuh tan soh? How yuh deh yah a quarrel bout people a cawl yuh coolie an yuh jus cawl Christine chiney gyal?

Christine: Double standard Daphne...double standard di coolie gyal a kip up! Mek shi move an galang bout har bizness. A smaddy di gyal a look fi friten.

Daphne: Ah-rite! Unu dun di argument before mi cawl in di big boss fi sen di whole a unu a unu yaad. Mi dead serious caah mi cyaan tek di blastid kass-kass inna di marning yah. Mi head a hat mi! (*Kiss teet*)

Phil: (*Over hearing the argument, he decides to weigh in*) Have mercy! Look weh mi live fi si dowe, eeh. Black people a tun white an light skin people waan tun black. All wah ago happen now is bare reverse discrimination.

Bev: Shet up yuh mout ova deh soh! Yuh nat even have a clue weh yuh a chat seh. Bout yuh reverse discrimination. A soh unu chat fawt when unu larn new wod pan Sesame Street.

With that, the bitter argument ended. A few minutes later, one of the employees leaves her station and heads to the bathroom. As she enters the bathroom, her pair of Nike shoes sinks into a puddle of water covering the bathroom floor. She is horrified by the gush of water flowing from one of the sinks. Trying to prevent a splash, she tiptoes towards the sink to see the cause of the over flow. She notices a big clump of hair firmly anchored over the sink's drainage. She leaves the bathroom in disgust.

Doreen: (*Snapping her fingers*) HELLO! May I have unu hattention please! Oye unu lissen up! A which smaddy clag up di sink inna di batroom wid dem hair an nat even cawl di maintenance man fi do sinting bout it? Di smaddy who missing part a dem hairpiece, unu step farward. Canfession good fi di soul. Come man - somebaddy FESS UP NOW!!

Tina: I didn't do it! A noh mi! Nobaddy noh look pan mi, caah everyting happen in yah unu always waan come blame it pan mi.

Mikey Dread: Hair block up di sink? But what is dis! A bet seh a wan a dem in yah weh a wear weave an piece a dem hair drop inna di sink an dem noh have di desency fi tek it up. Dem sistas neva have dem weave on tight yet! Unu mus stap wear weave an stawt knot unu head like natty dread. A bet seh unu woulda neva si one a fimi locks inna noh sink.

Sharee: Hey excuse mi Mista dreadlocks ova dere. Please to stop scorning hair weaves like dat. Scarnful dawg nyam dutty pudding! People like mi pay good money fi dem. Mi noh si nutten wrang wid wearing weave.

Daphne: Troo ting Sharee. It betta fi wear weave dan fi a wear locks weh smell like dead fish. Everyday mi look pan Mikey Dread knot up head, im tun mi aff. If im was eva mi baby faada, mi woulda lef im lang time wid di nassy head. (*Pointing her finger at him*) Hey Mikey, yuh fi wrap up yuh head like Capleton when yuh a come a work mongst people like mi. Mi noh like look pan dat nastiness!

Mikey Dread: A who ask yuh anyting? Move an gweh! Lowe mi an mi locks! Yuh a talk bout wrap up mi head. Mek yuh noh wrap up yuh naasy sore foot an stap expose dat big ole jonjo weh a tek up residence in deh!

Doreen: (*Holds her head with both hands*) Ah-rite, ah-rite, UNU TAP DI CUSSING! Mi jus ask a simple qwestian. All mi did waan fi know a who fah hair inna di sink? Unu goh clean it out caah dat noh look right!

Katrina: (*Runs her fingers through her own hair*) A wah cola hair inna di sink Doreen?

Doreen: Is wan jet black clump a hair weh almost di sed cola like fi Tina own.

Tina: A noh fi mi hair mi seh! Unu love blame mi fi everyting roun here eeh man?

Doreen: Tina, mi did seh a fi yuh hair? All mi simple seh is it black an tarry like fi yuh own. Yuh dey ova deh a set up yuh face like moonshine dawling. Fix up yuh face man!

Katrina: Well is nat my hair fi sure caah as unu can si fi unu self, is wan pink an burgundy weave mi have in an shi seh a jet black hair shi si. A noh fi mi head bung up di sink, soh mi noh have a ting fi canfess to. Tank Gad!

Christine: Yuh know dere is bad weave and dere is good weave. Perhaps dat was wan a di bad one dem weh mek a Panama. If yuh get a good look pan di textra yuh can tell if a bad hair. Unu waan mi goh look?

Sharee: Christine try yuh bess siddung! Which part yuh come fram bout yuh ago look pan textra? What difference it mek if di sink clag up? Yuh noh have a blastid ting a badda yuh.

Doreen: Well wan a unu betta goh cawl maas Rupert fi clear di sink, caah di batroom cyaan stay inna dat candition. Unu is big people in here and unu muss home train unu head weave.

Her comment sends everyone in a burst of laughter. The steady beat of the machines took over from the constant chatter. Then over in the Swimwear assemble line, a hostile incident causes another dispute between a male and female employee, peeking everyone's curiosity.

The female employee involved, dressed in a tight fitting blouse, and with both top buttons unfastened exposing her double-D size breast, storms into the big boss's office. She angrily pushes the office door open and places her voluptuous body in front of the boss's desks.

Rosie: (*Huffing and puffing*) Missa Willowdaag, mi need fi lodge a farmal complain pan dat ratten teet bway weh noh tap come roun mi station an a touch, touch up mi bress dem! If unu noh fiyah im fi sexual harassment, mi ago charge fi bumbeet murda up in yah tideh – awoh!

Mister Willdog: (*Stands up looking confused*) Whoa, whoa, calm down sexy Rosie. Who is walking aroun an feeling up yuh ti-ti dem again?

Rosie: Look yah noh Mista Willowdaag, please doan style mi as sexy Rosie caah mi an yuh a noh size – yuh hear mi? Di frowsey bway weh mi a talk bout a dat big lip mongrel name Desmond!!

Mister Willdog: First ting, please watch yuh language an show some mannaz. An mi noh name "Willowdaag." Address mi has Mista Willdog. I am your superior!

Rosie: (*Frowning*) Mi noh give a dyam weh yuh waan name! Yuh ago file mi grievances ar yuh ago tan up deh an look pan mi like when dawg a get ready fi hump smaddy?!

Mister Willdog: OK, you go and call Desmond in here and let's deal with this matter right now.

Rosie: (*She walks towards the door and sticks her head out yelling*) TINKING MOUT DESMOND!! BOSS MAN WANT YUH!

Desmond walks hesitantly towards the office as he was told. Once in the office, there he sees a restless Rosie and a perplexed looking Mr. Willdog.

Desmond: A wah mi in yah fah boss?

Rosie: What yuh mean weh yuh inna fah? If yuh neva tek it pan yuh self fi touch up mi ti-ti dem when yuh did feel di urge yuh wudden in yah! Mi is nat here fi yuh pleasha weda mi ti-ti dem a hang out ar not! Yuh is too blinking brite and outta orda!

Desmond: Mek mi explain yuh hear sah. Man is man an mi ago tek a feel if all day lang shi a cock out har battam and wiggly up har expose bress when mi a walk by. A she guilty sar! Shi love lead man on an fustrate dem a day time wid dat V-shape ting deh to. Look pan mi pants front! Is like a loaded gun in deh! Mi cyaan even stan up straight how mi a bulge out!

Mr. Willdog: I have to admit, mi agree wid Desmond. (*He turns towards Rosie*) Rosie, we here at Bag&Pan factory is cracking down hard pan unu woman weh use the law an unu big bumpa to unu advantage. Is woman like yuh mek tings tough fi di real victims of harassment. (*He turns towards Desmond*) If shi sue yuh, do you have representation Desmond?

Desmond: Den noh mus bossman! Mi jine wan arganization fi protect mi

48

gainst dem kina false accusatians yah. Di group name V.A.G.I.N.A. Incarparated sar.

Mr. Willdog: Dat is a very interesting name fi a aarganization. Weh V.A.G.I.N.A mean Desmond?

Desmond: It stan fi, **V**ictim of **A G**irl **I**nviting **N**uff **A**buse. Yes sar. Mi all have dem cyad an mi hear seh all Bill Clintan jine up afta Monica nearly tek im dung. Mi swear by dem boss man. Mi noh know how mi woulda manige widout V.A.G.I.N.A. Mi seh mi love V.A.G.I.N.A. like cook food!

Mr. Willdog: Soh how yuh get into V.A.G.I.N.A. now Desmond? V.A.G.I.N.A. soun like sinting mi haffi have marning, noon, an night miself.

Rosie: (*Fuming mad*) Mi cyaan believe weh di hell mi a hear in yah! Mista Willowdaag, yuh a tek im side afta all a di glamity mi gi yuh afta hours? Well mek mi jus tek mi sexy self an goh a mi yaad. I QUIT!!

She storms through the door and slams it behind her. Meanwhile there was mumbling among the workers who overheard the dispute and the noise in the boss's office.

Phil: (*Laughing*) Bway dis yah place come in like Jerry Springa to rahtid. Every day is a new drama. Fuss yuh hear seh smaddy private parts a hang out, a man look an touch, fight bruck out ova it, bossman tek man side, di man get di laas word, den di skettel walk out. Unu stay tuned fi tomorrow's episode. If a laff a pap!

Katrina: Phil, yuh neva seh a betta ting. I swear dese people watching dat blinking Jerry Springer wid all dem whole heapa slackniss an a bring it in yah. All dis dyam drama a tek weh di fun an pleasha outta mi work day. Dem sinting yah is jus plain childish an disgusting! Dats why mi jus hole my carna fi di whole day an noh seh nutten to a soul. Nex ting di quashie dem come jump dung mi troat hole an put mi to shame.

49

Doreen: As far as mi si, dis is nutten short of Coronation Market a gwaan in yah. Everyday dem people choose fi display all sorta dutty laundry bizness bout di place. Jesas mi Savior, dem getting from bad to wos! Now lissen to dat Desmond an di careliss gyal Rosie a cuss dem wan aneda ova who feel up who. An Rosie shi a galang like shi noh love di lickle feel up.

Christine: (*Kiss teet*) I neva did like dat gyal anyway. Shi noh live too far fram mi an nat fi hell dat ooman wi tap come a mi yaad a beg mi husban fi put up curtain fi har. A same way shi come a di house half naked a bat har cyaas yeye dem. A cyaan get rid a har! But any day mi ketch har a put har han pan mi man, so help mi Gad dem ago fine har dead inna wan drum pan a roadside.

Tina: Noh talk dem tings deh too loud Christine. Den suppose police come a yuh yaad an intorrigate yuh bout di killing, wah yuh woulda seh to dem missis?

Christine: All mi woulda seh to dem is "noh speaky hinglaze affica."

Tina: (*Laughing uncontrollably*) Lawd a mercy tap gi mi joke gyal. Bout yuh "noh speaky hinglaze." If a laugh a pap inna two tideh!

Sharee: But a true shi a talk dowe. Mi noh blame yuh yaah Christine. A same soh mi have dis bug yeye gyal a come stalk mi fi no reason. Gyal claim seh shi still in love wid mi man an have di nerve fi ask mi if wi can goh stage show tigeda. Dem kina ooman fi get duss out an tun inna jancrow meat!

Marlene: A true man. Yuh have some conniving ooman dat wi try anyting fi tek yuh husban ar bruck up yuh marriage. Dem people noh have no purpose a serve inna life. Dead dem gyal fi dead! Fi real!

Bev: Can unu please tap talk bout dead dis an kill dat in yah an do unu rahtid wok?! Unu tap ie nize a mi head! Mi noh come a wok fi hear bout whofah dead bady unu ago put inna drum pan. Unu is too ovaly vialent an all some a unu have is mout.

Sharee: (*Rolls her eyes*) Yuh know yuh is wan miserable ooman. A true yuh noh gat nobaddy fi fole up wid a night time mek yuh tan soh. Bway, if mi did haffi live fi yuh life mi woulda jus declare miself dead an dun.

Bev: Yuh can gwaan run up your mout. Unu a galang like unu have any portiant a man. Mi can count di amount a teet inna fi yuh man head pan mi wan han. Mi naah grudge unu fi dem deh man deh. Me is quite ah-rite.

The dramatic episodes seem to accelerate the hours in the day. It is now 12 noon. The workers switch off their running machines and prepare begin their lunch hour. The Bag&Pan factory's cafeteria is owned and operated by the sole cook, Miss Novlette Wilson. A group of workers meeting for lunch, gathered at her food counter checking out the menu and the food display.

Katrina: What yuh have pan di lunch menu tideh Ms. Novlette? Lawd, me is sooo hungry mi a tell you! Mi ready fi drap! Yuh gat any stew peas deh?

Novlette: No mam. Mi tap mek stew peas fram laas mont. Pig tail a get too expensive. Tideh di special is 'Chicken Pelau.'

Katrina: Noh Trini food dat? A how comes yuh noh gat noh Jamaican food an di big ole sign up deh seh '*Jamaican Bickle Only.*' Yuh a wan fraud yuh noh Ms. Novlette.

Christine: Shi a fraud yes. To hell man! Mi a look fi come si seafood an ting an all she have a pucko-pucko rice mix up wid chicken. Mi nat nyaming nuttten weh mi cyaan pronounce. Ms. Novlette yuh mean fi tell mi seh yuh not even have lickle cow tripe pan di menu?

Novlette: Christine, yuh know seh yuh a try mi patience hard, hard? (*Deep sigh*) Yuh si how unu workas ungrateful! Afta mi spen whole marning a mek special food fi unu soh unu can nyam like high class people, unu come yah a badda mi bout cow tripe! Si yah gyal, doan mek mi tell yuh bout yuh kacka hole! Yuh a buy di Chicken Pelau ar not?

Mikey Dread: (*Barging ahead of the women*) Ah-rite, mi wi tek a taste affa it. A how much dat sell fah now Ms. Novlette?

Novlette: 300 dalla a plate an it come wid a small size cup a lemonade.

Mikey Dread: Yuh know what Ms. Novlette, on secon taught, yuh noh have noh bun bun fram di pot battom can sell mi fi hundred dalla?

Novlette: How about mi sell yuh a uppa cut crass yuh jawbone fi ten dalla?

The group of workers collectively sighed and rolled their eyes to display their vexation with the cook. As if on cue, a rat appears out of nowhere. The workers all screamed with fright.

Katrina: Lawd Gad! Ms. Novlette have rodent inna har kitchen!

Novlette: Jesas Saviour tek di case an gi mi di pillow! What a liyad set a people. Which part unu si rat in yah?

Mikey Dread: (*Pointing*) Si di big ole dutty rat deh soh Ms. Novlette! Yuh bline or yuh a farm fool?

Novlette: (*With a surprised look on her face*) Ahhhhmm...yuh know a di fuss mi eva si wan rat in here. A swear to Gad! Well no big problem man. Mi have wan puss in yah jus fi dis kina problem. (*She calls as she looks around*) Come puss...come puss. Mi seh when yuh want di bloody puss yuh cyaan fine it. Here puss...come puss.

Soon the cat appears from around the rusting refrigerator. It spots the rat and begins to purr hysterically. The rat stares steadily at the cat, showing no sign of fear. The cat purrs louder in attempt to intimidate the steadfast rat.

Christine: (*Outraged*) But a wah kina wuklis puss dis? Galang goh nyam di rat noh ediat puss!

Katrina: (*Disgusted*) Lawd! Mi noh hungry again! Puss and rat tek up Miss Novlette shap! I'm calling the animal shelter, the mental ward, di exterminator, and di sanitary inspector!

Churchie: Good ting mi is ooman noh walk widout mi George Foreman grill. Mek mi goh grill two burga an seh mi grace an nyam mi owna food yaah.

Mikey Dread: Give praise to Jah fi George Foreman an im wanga gut. If a neva fi im, Sista Churchie wudden have grill fi save wi fram dead fi hungry. Respec in di name of his Imperial Majesty, King of Kings, Lord of Lords, Conquering Lion of the Tribe of Judah. Jah Rastafari!

Churchie: But unu si mi dying trial! Mi did pramise fi share mi food wid yuh an di whole Tribe a Judah? Hole yuh carnas an goh buy Ms. Novlette chicken sinting ar di neda yaah maasa.

Mikey Dread: Churchie, a soh yuh behave as a big Christian ooman? Jah ago strike yuh dung fi yuh iniquities an yuh craviness! Matta a fact, a hope wan a dese days dat blastid grill drap pan yuh big toe mek it swell up big like yuh head.

Novlette: Lissen to mi noh! Unu move fram outta mi kitchen an galang goh grill unu burga mek mi lack up mi shap fi di day since unu naah buy nutten. If unu noh waan noh food fi buy, unu come fram outta mi face!

Christine: (*Kiss teet*) Di shap dis fi lack up caah yuh naah gwaan wid nutten in yah. Try yuh bess noh open it back til yuh have some cow tripe fi sell people.

With that, the cafeteria cook pulls down the counter shade leaving the workers unfed and famished. They head back to work filing behind their work stations, when they hear the voice of the Shift Supervisor on the intercom overhead:

Mrs. Walker: Good afternoon Bag&Pan employees. May I have unu attention please? Miss Sharon Duncan, our General Manager, will be paying a visit to di factry dis aftanoon. Unu please be in the warehouse open space at 4:00 PM sharp. Fi all di people dem who always late fi sinting, mi a beg unu fi try to get to dis meeting pan time. Hova an hout!

Sharee: (*Sounding doubtful*) A wah Ms.Duncan shi a come yah fah now? Dat deh ooman noh fawt pan wi unless shi bout fi redundant people. Shi betta noh come yah wid dat before di big halliday enoh. Mi have my 2 tousan dalla bashment outfit fi pay fah, an mi need di lickle work - awoh!

Marlene: Sharee noh chat dem sinting deh mek mi start fret yaah. Maybe a sinting good shi a come fah dis time. Keep di fait man.

At 4:00 PM sharp, the General Manager calls the meeting to order. She surveys the room with her eyes peering over her stylish reading glasses. She senses the tension in the room and raises her hand to signal she is ready to speak.

Sharon: Good aftanoon Bag&Pan employees. I called this emergency meeting because I understand that some of you have questions about di facilities and working candition. I am also here to announce dat wi have three promotions and one retirement. First, we regret dat Doreen Henderson who work in the sewing section has announced har retirement afta 23 years here at Bag&Pan clothing factory. Please to give her a round of applause!

Doreen: (*Bowing graciously amidst the applause*) Tank yuh, tank yuh. Well mi fellow Bag an Panners, as yuh can si mi a get very ole. Mi soon tun 55 an is full time mi goh ress mi weary bady. Mi noh feel soh young, bold an beautiful like di ress a unu. Twenty-tree years of working di pedal pan di sewing machine gi mi arthritis inna mi knee an mash mi up bad. Mi plan fi enjay the benefits of mi retirement an spread out mi legs. Ooops...mi mean spread mi wings an fine a man soh mi noh lonely inna mi last days. Tank unu again an may Gad goh wid unu young people.

Sharon: God bless yuh Miss Doreen. If yuh eva get into a rut, jus know dat yuh can always come back here and work, cause I doan tink anybody else ago hire yuh seeing as yuh ole an shribble up.

(*She continues*) Next, I would like to announce di promotions. We are going to promote Marlene Phelps to Organizer of all Bag&Pan company picnics in di New Kingston area. Wi also promoting Katrina Jennings to head of Internal Ethics Affairs because wi get fi fine out seh some a unu tell all sorta lie in yah! She will get to di battam of all a unu liyad stories. Also, wi finally dun di exacise room dis week. It was much needed because some a unu suffa from dropsy afta unu nyam lunch. Not to mention how some a unu behine a spread weh like cable. When unu ready fi use di exacise room, please see Daphne Anderson fi di keys.

Finally, due to di amount of people dat getting rob in di parking lot and couple of our employees missing since laas year, wi promoting Phil Evans to head up security. We will fully equip him wid a big, black Alstatian dawg an a pipe iron to make our lickle wokplace safe from di criminal elements. Give dem all a han!

A mixture of faint and enthusiastic applause erupts in the warehouse. From the back of the room, a distressing wailing cry from one of the employees dampens the celebration.

Tina: (*Weeping*) Woooiieee...mi feel so lef out. Look how long mi deh yah a sew button pan clothes an dem cudden even gi mi a promotion. (*Blows her nostrils in her smock*) Every striking year dem paas ova mi an a gwaan like dem noh notice mi. Dat noh right a-tall, a-tall! Nutten more dan dem a carry favortism in yah....Woooiieee.

Christine: (*Consoling Tina*) No mine, a soh dem lef mi out to missis. Di wan Marlene she neva even did put mi pan di guest list fi di laas Maypen Bag&Pan picnic. She come talk bout it was a slight ovasight and yet shi get promotion an cyaan even arganize sinting good. Hush Tina, mek dem gwaan. Marlene lip dem big an red like peppa fly batty! A cyaan tek di gyal!

Churchie: (*Also consoling Tina*) Tina, lef dem to time yuh hear. Yuh tink a lickle time dem paas mi ova to? But Gad will provide. Noh mine mi love.

Phil ignores Tina's distracting sobs and steps forward holding his security dog by a small leash and gloats about his promotion:

Phil: (*Pushing out chest*) HEY YOW, unu pay attention here people. As di new head of security at Bag&Pan, mek mi gi unu some of my tried and trudent safety tips. Firs and foremost, if smaddy attack unu, unu muss always use unu house key fi crab up di smaddy face an dig out dem yeye til dem ball blood! Nex ting, when unu draw unu check every fortnight, unu noh mek John Public si unu wid unu trupence. If unu suspec seh smaddy a falla unu, beg unu do noh run inna di bush. Tan up wan place an bawl out – TIEF, MURDA, RAPE!! Lass but nat least, beg unu fine unu yaad as quick as possible an tap dilly dally inna di parking lot a eveling time. Some a unu too blastid iggle fi big people! Mi dun talk!

Sharon: (*Applauding*) Good safety tips Phil! Yes folks, please observe all the safety instructians posted pan di lamp post in and around the building. Before I go, are there any last minute concerns unu want to bring to Management?

Daphne: (*Waving*) Yes! Yes! Mi have one big, big concern Miss Sharon. Why di wata weh a come outta di pipe look like red dirt soh? Wan day mi a ketch wata inna mi cup an mi si couple gravel drop inna di cup nearly gi mi heart failure! Mek mattas wos, di blinking vending machine noh sell backle wata. Miss Sharon, unu kindly get clean wata fi people drink caah mi tiyad a di running belly a day time.

Desmond: Ooooh, soh a yuh always a tink up di place soh? Daphne nobadda tink seh di backle wata any betta. Yuh noh know seh a some naasy, mud up barefoot smaddy a ketch wata fram di spring an a put it inna backle a sell?

Daphne: Mi noh tink nutten goh soh. Yuh too lie! Mi wi tek mi chances caah di pipe wata too heavy an taste bad like sewage wata.

Katrina: (*Raises her hand*) Miss Sharon, rat inna di cafeteria mam. Yuh need fi cawl in Sanitary Inspector fi investigate why Novlette place a harbor all sorta rodent weh people a nyam a day time. Maybe dat new security dawg can help run out di wuklis puss weh shi have a walk roun like stooshas.

ALL Employees: (*Nodding in agreement*) True, True!

Doreen: (*Raises her hand*) Miss Sharon, I would like to say a big tank yuh to the janitor fi fix di clag up sink in such a shart notice. It was a pleasure fi si di sink back to narmal.

ALL Employees: (*Applauding*) YEAAAHHHHHH!!!!

The proud janitor with his beer belly hanging over his belt steps forward and takes a bow and spoke with pride:

Rupert: Tenks holl of you. Unu is mostess welcome. Let I quote di bess janitor dat eva live since Jerry West. Im seh, "Yuh cyaan get much done inna life if yuh noh do a good job wid di tielet bowl and di sink dem." Hi go very far to give hevery sink an hevery tielet mi very bess care noh matta wah kina curro-curro stap dem up. I faller hevery ting Missa West says to do to have success. I ham very hinspired an I mus say dot I feel I finally reach to di tap an...

Sharon: (*Interrupting*) OK, that's enough Rupert! Yuh can chat eeh? Yuh noh si seh is time fi dese people goh home! Yuh up yah a give sermon. (*Turns to the workers*) Well fine folks, I will certainly look into all unu grievances. Mi naah pramise unu nutten dowe. Sometimes di budget noh allow fi certain tings soh unu haffi jus grin an bear it til tings get betta. So everybody have a wonderful eveling and be safe out dere.

The employees hastily rush towards the exit. But the Shift Supervisor had final words for them:

Mrs. Walker: (*Holding one hand in the air*) HEY UNU HOLE AN DEH! One more ting before unu leave!

Katrina: (*Under her breath*) Lawd man, what now?!

Mrs. Walker: Fuss shiff start 8'acalak pan di dot! Soh mek sure unu lazy behine come a wok pan time tomorrow!

ALL Employees: (*Walking away*) OH PLEASE!!

The GPS Navigation Series...

Have you ever asked for directions in Jamaica? If you have then you will relate very well to the GPS series. Just imagine a "Jamaicanized" version of a GPS navigation system where directions provided identify people by name, hardly include street names, and underestimate time and distance.

In this series you will encounter a GPS that is rude, sarcastic, lacks common courtesy and has a very short fuse!

Drivers beware! Take heed to the GPS's instructions! If you don't, the GPS will not be pleased and you could be in for a bumpy ride.

"Nobadda fret man – yuh cyaan laas!"

GPS – To the Job Interview

Jenifer is a recent graduate from Howard University in Washington D.C. and has returned to Jamaica to find work teaching high school. Her excitement could not be contained as she prepares to interview for a promising job prospect at Dinthill Technical High School in St. Catherine. Being born and raised in Kingston, she has no experience driving in the rural parts of Jamaica. She rents a vehicle to help her navigate to the school from her apartment. She loads her bag in the car and once insde the vehicle, she turns on the onboard GPS system.

GPS: Hi and welcome to your 'TopNotch' Navigation system, where wi give yuh top notch directians wid a smile. How can I be hoff hassistance my dear?

Jenifer: (*Pleasantly surprised*) Wow, this system speaks Jamaican! This is so cool! Hi good morning. I need to get to Dintill High in the St. Catherine area. I need to get to my interview for 10:00 AM and would like to get there around 15 minutes before the scheduled time please.

GPS: Miss Farrina, 'TopNotch' really noh rispansible fi di time yuh reach enoh. Dat depends pan how skilled di driva is. All wi do is show yuh how fi ketch which part yuh a goh.

Jenifer: Why are you addressing me as 'Miss Farrina'? I am a true born Jamaican. I may not speak like those bugu-yagas you are accustomed to, but I will have you know I am all Jamaican.

GPS: Oh a soh? Den a which part a Jamaica yuh come fram missis - Philadelphia? Caah a muss canfuse yuh canfuse, a twang an galang like sinting a bun up yuh tongue.

Jenifer: Listen, I am in no mood for rubbish this morning. It seems I should have gotten a car with a normal GPS that does not have an opinion. Could you please direct me to the school?!

GPS: Aah bway, I can si dis is gwine to bi a very hinteresting trip. Buckle up yuh seat belt and let's go. When yuh drive outta di driveway, make a left.

She proceeds to put on her left indicator and then she makes a right turn in error.

GPS: Lady mi seh TUN LEF! Noh tell mi seh yuh noh know lef fram right!

Jenifer: (*Frightened*) I am SORRY! I meant to turn left and made a mistake. You scared the living crap out of me! Besides, don't you need to re-calculate when someone makes a mistake instead of yelling at them?

GPS: Mi naah re-calculate nutten a backside! Larn fi lissen when mi gi yuh instructians an falla dem as mi seh. Tun roun an goh back up di street weh yuh suppose to deh. Some a unu dress stoosh like cow back foot an noh have a blinking brain inna unu head. Cho!

Jenifer: What ever happened to service with a smile -ah? You are so ill-mannered and insolent!

GPS: Hi, hi! Try yuh bess noh chat noh big wod in front a mi. If yuh have sinting to seh bout mi, chat inna small words soh mi can know when fi tell yuh two klaat.

Jenifer: Just tell me where to go next please. You are giving me a headache and I have to stay focused for this interview.

GPS: Yuh noh look like smaddy weh can kip any kina focus if yuh ask mi. Yuh look like yuh ditzy an foo-fool. But mek mi cancentrate pan di direction soh yuh noh blame mi if yuh get laas. Lissen to mi good now. As yuh si wan cane fiel' half mile fram here soh, enter di ramp an bear off onto the highway headed nort.

Jenifer: OK, but you may have to repeat that as I get closer.

GPS: See it deh! Yuh is a pretty dunce as mi suspec. I doan know how much a dis repeat, repeat mi ago talarate fi di whole trip enoh lady. Yuh betta try retain weh mi seh inna yuh head – awoh!

Jenifer: OK, OK! I am just nervous, that's all. Will you just give me a break and help me stay calm?! Dam...who are you?!

GPS: Trus mi, yuh noh waan know who mi is. (*Realizing she is about to miss the turn off*) GOH PAN DI BLASTID RAMP MI SEH!! Yuh noh si yuh out fi drive goh a woyee-woyee ooman?!

Jenifer: (*Swerves sharply*) Holy crap! Dam! This is not going to work out. All this yelling is rattling my nerves. I may just have to ask a gas station attendant to write down the directions for me because you are just not a nice GPS.

GPS: Yuh tink di gas statian people dem gi betta directian dan mi? If a laff a loose a chip tideh! Dem goodly gi yuh directian weh carry yuh straighta St. Mary bush. I woulda laff affa yuh si. Jus falla mi lead an yuh cyaan goh wrong. Yuh gwine drive pan dis highway fi bout half hour.

Jenifer: That sounds like a long time. I had no idea St. Catherine was that far.

GPS: Eeh eeh, an unu call unuself Jamaican. Yuh deh a farrin too long. Dat a fi yuh problem. Bet seh yuh nat even know seh Maas Ranny and Miss Lou pass on.

Jenifer: Of course I do! I cried when I heard the news. They were two of my favorite people. Thought you got me on that one –ah? I am smarter

63

than you think Mister GPS. Don't think you have anything on me because I haven't lived here for a while.

GPS: Ah-rite since as yuh soh smart, how much DJ get shat up between last year an dis year?

Jenifer: Oh please! Like anybody in Jamaica would know that? That is a stupid question!

GPS: Mi know mi woulda ketch yuh wid sinting man. Yuh a gwaan like yuh up to date wid vital infamatian bout di islan.

Jenifer: Is that what you call vital information? Spare me please! Vital information to me is how this nation's education system is failing our youths. That is why I aspired to become a teacher to make a difference. What do you do for this country other than exasperate drivers?

GPS: Wait deh! Mi neva warn yuh nuffi use big wod pan mi? Seh bet mi shut dung an mek yuh en up a Sligoville bush, mek di gyal dem up deh gi yuh a nice welcoming country beat dung.

Jenifer: No please don't do that. Please just continue with the direction. I am running behind time a bit. This interview is important to me, please!

GPS: Well try watch yuh speech, yuh a hear mi? Now, lickle fram dis yuh is about to come to di en' of the highway. When you get off, yuh ago si wan sore foot bway a sell Julie mango pan di side a di road. Noh tap an buy nutten fram di nassy bway. Jus hole yuh head straight an head towards Bog Walk.

Jenifer: Got it! This doesn't appear to be such a bad journey. Seems nice and straight forward so far.

GPS: Yes, til yuh ketch Flat Bridge.

Jenifer: What's a flat bridge?

GPS: Lady, a really yuh a try tell people seh yuh a Jamaican? What is a flat bridge? Lawd Gad, may lightning electricute mi now! Miss lady, dat a di bridge yuh muss crass fi get ova to Bog Walk. It name soh cause it flat wid no railing fi protec yuh fram di riva wata beneet it.

Jenifer: What?! No railings?! (*Fanning her face*) Oh my God, I am going to have a panic attack. I have a fear of bridges and water. I can't go there. There is got to be another way, please.

GPS: Nobadda wid noh panic attack yah now. Hole yuh head tigeda. Yuh ago need all di calmness if yuh pitch ova di cyar inna di riva. Mi jus hope yuh can swim.

Jenifer: Oh Jesus no! I can't swim. Please take me somewhere else. This is too scary for me.

GPS: Weh yuh seh? Yuh cyaan swim? Dem noh teach unu survival skills a farrin noh more? Yuh salt, caah dat a di fastess way fi ketch Dinthill. Nuff people drive pan di bridge everyday. Yuh noh have a ting fi fear. Jus falla mi lead as mi seh.

Jenifer: All right then, I can do it. (*Breathing in and out*) Oh dear! I see the bridge coming up ahead. What do I do Mister GPS?

GPS: When yuh ketch to di bridge jus turn right pan it an stay inna di miggle a di pavement. Nobadda goh ride di banking ar else yuh behine ago drap inna di riva wata an drown.

The GPS display lights begins to flash a bright red light. Strange sounds came from the unit and it appears to have lost power. Jenifer panics.

Jenifer: Hello!! What is happening? Oh my God this thing is not working at this critical moment. What am I going to do? Oh dear God!

Minutes later, the lights on the GPS unit begin to flicker once again and then slowly return to a steady state.

GPS: Hello, I am back. Sarry fi di small intteruptian to service.

Jenifer: What the heck happened to you?! I thought you were down for good.

GPS: Naah...mi jus tek a brief moment fi download some life insurance infamatian soh mi can know what gwine happen to mi when mi paas on.

Jenifer: What do you mean by that? Are you planning on dying on me?

GPS: Mi naah plan fi dead enoh lady. What mi a plan fah is fi when yuh drive di cyar ova di bridge. Mi know mi naah live fi si aneda day when dat happen. Di chip dem inna mi system noh mek fi tek in wata. Mi a prepare fi di worse caah yuh a noh sane smaddy.

Jenifer: Must you talk nonsense all the time? I am not going to drive the vehicle in the water. I am not that stupid. I am just going to take my time and close my eyes and hope for the best.

GPS: But yuh si mi dying trial. How di pigeon tail yuh ago shet yuh yeye an yuh need dem fi si fi crass di bridge?! Yuh a Bellevue escapee noh? Open up yuh yeye an pay attention to di road an tap farm fool!

Jenifer: OK! WILL YOU STOP BEING SO AGGRAVATING?! And if you don't know what that means, that is your problem. I am trying to concentrate here!

GPS: Ah sah! Mite as well mi download di direction to heaben, caah wan a wi a meet di Creator tideh.

Jenifer: We are going to be fine. See, I am almost across the bridge. No sweat. Where do I go now?

GPS: Tank yuh Jesas! Prayas do wok. OK, drive fi aneda half mile or soh, an when yuh si wan big blue an white wholesale place pan yuh lef, tun inna di rouna-bout an cut troo Bog Walk. Yuh noh deh too far fram di school wance yuh pass troo deh soh.

Jenifer: Thank goodness. I can't wait to get there. Thanks for your help despite your menacing attitude.

GPS: Look weh yuh ago an mine yuh lick dung di people dem cow a crass di street.

Jenifer: (*Slams on the brakes*) Oh God! I never saw them. Shew! That was close. Thanks for being observant, Mister GPS.

GPS: Yes - dats why unu muss have respec fi unu GPS systems. Unu noh know which part unu a goh an noh know how fi hangle roadway, an yet unu soh blinking facety! Now, furda up di road, mek yuh fuss right at di nex street an keep straight. Yuh gwine soon crass ova some train tracks.

Jenifer: Will I need to stop for the train?

GPS: No. When yuh si di train a come, just drive right troo it - nobadda tap. A now mi canvince seh yuh did drap pan yuh head as a pickney. By di way, train noh drive roun dese parts since di 70s. Mi surprise a "miss know it all" like yuself neva know dat.

Jenifer: You know what? Let me just focus on getting to my destination and not bother with you. Your attitude really stinks!

GPS: Soh now mi stink? I wudden like fi tell yuh what smell in yah, an it nat too far fram yuh uppa lip.

Jenifer: Are we there yet for Christ's sake?!

GPS: Yuh paas yuh destinatian bout two minute dung di road.

Jenifer: WHAT?! Why didn't you tell me when to make my turn? What kind of GPS are you?

GPS: Maybe a di evalasting chatting inna mi head mek mi loose mi cancentration. Tun roun an mek a right a di big Blue Mahoe tree. Den tun dung di lickle gravel road an yuh wi si di school pan yuh lef han side. Den yuh can galang weh yuh a goh an tap badda mi.

She drives in the direction as instructed, parks the vehicle and turns off its running engine. She takes a deep breath and grumbles at the GPS:

Jenifer: This was one of the most frustrating encounters I have ever had with a navigation system. I will be so glad when I don't have to hear your mouth ever again.

GPS: Ah-rite, if a soh yuh want it, den a soh yuh wi get ie. Hope yuh know yuh way back a yuh yaad. Signing off!

Jenifer: WAIT! No, don't sign off yet. I don't know my way back to Kingston. GPS – do you hear me?! (*Banging her fist against the dashboard*) Come back on noh Mister GPS!

GPS: ------------------------

Jenifer: Hello? Dam it! Whatever! I will get direction from someone at the school. I don't need you. Your directing skills suck anyway!

GPS: STINK AFF BUSH GYAL!

GPS – To the Courthouse

Adolphous owns a SUV equipped with a GPS Navigation system. He lives in the country and has an appointment to appear in Court in Kingston. His journey is met with heavy traffic as he enters the city. He grows more and more frustrated with the traffic situation and grumbles:

Adolphous: What a way dem Kingston road congested and canfusing. Den half a di road sign dem pap dung. How di hell mi ago reach court house pan time inna dis yah traffic? Mek mi tun an di GPS system yaah man, caah mi need fi get outta dis jam faas. (*He turns the system on*)

GPS: Welcome to your private navigation system. Where yuh heading fram here soh please?

Adolphous: Roooss! But dis yah sinting gat vice actuation to blurtnaught! Niiiiiicee! Good day Mistress GPS, can you tell mi how fi ketch fram yah soh to Hope Road?

GPS: Fuss to begin, mi is a 'Sar' nat a 'Mistress.' Noh mek dat mistake again my yute.

Adolphous: Den a how fi yuh vice soun like fi ooman soh if yuh a man? Noh tell mi seh a wan chi-chi man GPS dem sell mi inna mi bran new secan han van!

GPS: A who yuh a call chi-chi man country bway? If yuh tun up di bass pan di audio system yuh wi hear mi vice betta. If yuh have di sinting set pan high pitch, mi noh muss soun like wan lilly gyal pickney? Ole ediat!

Adolphous: Oh yuh lucky! Caah a woulda jus blaze up a fiyah pan yuh blow wow! Badman noh drive wid homo-sesstrual GPS, straight up!

GPS: Bedren, if mi was "homo-sesstrual" as yuh cawl it, mi wudden waan yuh. Yuh ugly an fayva dem half starve patoo. Anyway, if a Hope Road yuh a try reach, mek di right a di traffic light side a Miss Hendricks hair dressing parlor. An mek sure di light green before yuh goh troo it to!

Adolphous: Den yuh tink mi know dat?! *(Kiss teet)* Save di facety comments dem an jus stick to di directian mi a beg yuh star. Ah-rite, soh mi mek di right...now what?

GPS: Drive fi bout half mile more.

Adolphous: How much is half mile please?

GPS: One mile divided by 2.

Adolphous: Seh bet a lack aff yuh backside! How yuh soh dyam renk fi a GPS?

GPS: Lack mi aff noh! A how yuh tink yuh a goh manige an yuh noh know fawt bout Kingston road?!

Adolphous: Bway oh bway, yuh si when I goh back a country, I gwine to ask di deala man fi a bran new GPS system wid mannaz. If mi noh buss up yuh speaka dem tideh, mi noh name Adolphous.

GPS: An mi shoulda inna wan cyar wid a driva wid common sense. Jus drive lickle ova 2,000 feet dung di road. Yuh prabbly nat even know how far dat deh to.

Adolphous: Is ah-rite, mi wi count di numba a higgla mi paas pan di sidewalk. Dere is wan every 2 feet pan Kingston road.

GPS: Do whateva please yuh boss. Jus mek sure yuh noh paas Vernice fry fish place pan di carna a Russet Street.

Adolphous: Oh,si Russet Street a come up. Den mek yuh neva seh soh all a lang instead a gi big man hard time. Now weh mi fi do?

GPS: Mek di secan ar tird right a di stap light, an look out fi wan foo-fool goat weh always a crass di street when cyar a come. Dah blastid billy goat deh fi dead enoh. Everytime mi come pan dah street yah im run outta inna traffic an a galang like im tuntid!

Adolphous: If mi lick im dung, all mi do is trow im inna di back a di van an goh mek mannish wata outta im backside. Soh how much furda mi fi drive pan dah road yah, Missa GPS?

GPS: What is di rush? Yuh a gwaan like yuh have sumweh important a goh?

Adolphous: How yuh mean? Mi haffi ketch a courthouse before 9 a'clack ar else mi haffi come back yah a marning, an mi noh inna dat.

GPS: Court? Weh yuh a goh a court fah? Yuh tief sinting ar a kill yuh kill smaddy?

Adolphous: Move an gweh noh man! Jus gi mi di directian an tap faas inna mi bizness iyah! Trus mi, yuh a di fus GPS mi eva come acrass weh hat up big man head soh. Cho!

GPS: Ah-rite mek mi lef yuh alone, cause it look like yuh well touches. Wan faas food place a come up in 50 feet, mek a lef.

Adolphous: Yuh come back wid yuh feet an inches foolishiness again?! Weh yuh noh jus tell mi fi tun lef a di Kentucky restaraunt iyah?!

GPS: Oh sarry, mi figet seh yuh illiterate an foo-fool. Yes, tun lef as yuh si di Kentucky building.

Adolphous: Ah-rite, mi a mek di turn. (*As he makes the turn, a woman catches his attention*) WOW WOW! Bless mi pants front! What a sexy woman dat man?! Jesas peez!

GPS: (*Curious*) Which part? Show mi a who yuh a talk.

Adolphous: Yow, yuh is a machine! Stay outta mi bizness mi seh!

GPS: Yuh si if yuh noh pint har out, a sen yuh goh a Jacques Road mek gunman ambush yuh an shat up yuh blouse an skirt! Weh shi deh mi seh?!

Adolphous: AH-RITE! Si har deh a di bus stap crass di street.

GPS: Fi real. Shi nice an roun an compoun' yes. A wanda weh shi a head? Shi look like shi laas an need lickle directian to. Yuh noh waan gi har a ride my yute?

Adolphous: NO! Mi seh mi a try reach weh mi a goh pan time. Shet up yuh mout an gi mi di nex turn.

GPS: How mi fi shet up mi mout an still talk to yuh? Is you a dankey ar a fool?!

Adolphous: WHAT NEX MI SEH?!

GPS: Yuh cantakurus bad enoh bedren. Mek di immediate lef pan Cedar Lane in 200 feet...eehhmm mi mean by di Post Affice.

Adolphous: Tank yuh. But wait...it seh no lef turn pan dah road deh bedren.

GPS: Kiss mi satellite dish! A when dem change dis part a di journey? Rasta mi noh know weh fi tell yuh, caah dem neva download di new directian to mi.

Adolphous: Noh mek mi cuss badwod an gwaan bad up in yah enoh. Try get mi outta dis mess, caah time a goh an yuh ago mek mi late fi mi court appintment.

GPS: Yuh know yuh have a very hoggish mentality and a very renk disprudence bout yuh? Why yuh noh jus goh dung lickle furda, mek a U-wie, an tun up di odda side an ketch back Cedar Lane? An unu cawl unuself driva!

Adolphous: Ah-rite mi wi do dat den. A who seh yuh noh know weh yuh a do? Mi a mek a U-turn yah soh.

As he makes the turn, sirens sound in the background. He looks through his rear view mirror and sees a patrol car pursuing the SUV with flashing lights.

GPS: Oh sheetz!

Adolphous: BUT A WEH DI?! Look how yuh mek police a draw dung pan mi. Lawd Gad a jail mi a goh now. Woooiieee mi dead now! Seh sumting to mi...wah...wah mi fi seh to di police man?

GPS: --------------------

Adolphous: Yow!! Mista GPS!! Helllllooooo!! Weh mi fi seh? ANSA MI NO STAR!!

GPS: ---------------------

Adolphous: (*Sulking*) But yuh si how dis jancrow GPS lack aff afta it mek mi mek illegal turn?! Gad know seh a di laas time mi a come a town wid dis yah frigging sheg up navigation system. Mi naah ketch courthouse tideh a-tall. Aah bway!

GPS – To the Airport

Devon is on his way to catch a return flight to Miami from Norman Manley airport and is caught up in traffic several miles away from the airport. Anxious that he may miss his flight, Devon begins to fret but realizes that he is driving a rental car equipped with GPS navigation. He decides to use the GPS to give him a faster alternative route to the airport.

Devon: A wanda if dah GPS yah know bout back route? Mek a try it out an si. (*He presses the 'On' button*)

GPS: (*In a sexy voice*) Welcome! This is Katherine at your service. Where can I take you today handsome?

Devon: Fawt! But dis yah GPS naah joke! It all know seh mi a face bway to rahtid. A wanda if camera inna it? (*He takes closer look*) Hi dare sweetie pie dawling Katrin. Yuh waan si a airport mi a try reach, but troo di traffic mi a look back route fi get dere. Yuh can help mi wid dat mi sweet buttacup?

GPS: Nat a problem shuga lips. Before we begin the journey, do me a favor and answer the following questions: "how faas can yuh drive unda presha?" an "do you have a living Will wid all a yuh dead lef updated?"

Devon: (*Looking confused*) Mi noh undastan. Wah dat haffi do wid yuh a gi mi directions now Miss Katrin?

GPS: Well, yuh seh yuh waan use back road an mi jus waan yuh fi know seh yuh haffi goh troo some badman territory. Mi jus a try warn yuh seh when gunshat start buss, eida yuh gwine haffi drive like a bat outta hell or yuh gwine ketch bullet inna yuh behine tideh.

Devon: (*Nervously speaking*) Faada in Heaven! A wah dis yuh a tell mi now?! Soh wait, yuh noh have aneda way dan fi sen mi inna gunman area fi reach a airport? Mi noh inna bullet dagding tideh a-tall enoh. Di laas time mi dadge bullet a back inna '89 when a Indian bredda buss a shat affa mi when mi did a try rab im liqua store. Mi nearly piss up miself dah day deh, an mi naah goh troo dat hexperience again!

GPS: Well now is di time yuh park di cyar an goh tek a leak pan di roadside, cause yuh mite haffi dadge nuff bullet tideh an it soun like yuh have weak bladda. Yuh naah lef mi inna noh renking cyar tideh, soh try yuh bess goh pee-pee fram now!

Devon: Why yuh haffi mek it soun soh sistren? Ah-rite, gwaan gi mi di direction an mi wi pray fi di bess.

GPS: Memba mi did warn yuh! OK, si if yuh can shoob out yuh han an mek di cyar behine yuh know yuh ago mek a lef turn.

Devon: OK, mi ago shoob out mi han now. Oye big man! Let mi troo deh! But a weh di blood fiyah dem a laff affa? Man, unu ease back an let mi troo noh! Cho!

GPS: Excuse mi? How yuh mean why dem a laff affa yuh? Tek a look pan di han weh yuh a shoob out. Noh nail palish dat yuh gat pan yuh finganail dem? Is what a gwaan? Yuh deh pan di down low or sumting? But mi shoulda know fram di way how yuh a wear drap ears-ring weh ketch quite dung a yuh shoulda!

Devon: Look yah noh Katrin, behave yuhself an jus gi mi di directian outta dis place. Mi naah kip up noh long argument wid yuh bout mi chice of accessories.

GPS: OK whateva! (*In a low tone of voice*) *Mi seh is always di good looking wan dem. Aah sah.* (*Speaking audibly*) Please head nort pan

Ransford Boulevard an about another mile down, yuh mek a lef as yuh paas di buss terminal.

Devon: Ah-rite dat soun good. Soh how yuh know bout dem places here? Been roun here nuff time?

GPS: Yes, been here plenty times an si nuff tings, but neva inna my GPS days mi eva si a man a wear nail palish an wan lang eva ears-rings weh look like sinting yuh can tie out cow wid.

Devon: Soh mi ears-ring a badda yuh it look like?

GPS: Yes, very much! It is a distraction an frankly I am a bit worried.

Devon: Worried fi wah?!

GPS: Yuh a goh get yuh dead tideh an mi haffi wikniss it.

Devon: What yuh mean by mi ago dead tideh?

GPS: If dem man a Matches Lane si yuh wid dat deh breeda ears-rings dem nat even ago waste dem bullet pan yuh. Dem jus ago tie yuh up pan wan almond tree an beat out yuh backside!

Devon: (*Kiss teet*) Whateva ooman. What nex! Mi mek di lef turn.

GPS: Stay straight an yuh wi come to stap sign weh lean wan side. A right deh soh yuh ago approach Matches Lane. Mi would advise yuh fi seh a praya an kip yuh head straight.

Devon: Afta mi noh fraida noh badman. Who? (*Kiss teet*) Badman cyaan fear a nex badman. Yuh a fool?

GPS: Oooh, soh yuh a badman now? Or yuh mean maama man - which one?

Devon: (*Angrily*) Yuh a step paas yuh place enoh Katrin. Lowe mi an jus mek sure yuh get mi to airport as mi ask yuh fi do!

GPS: OK, but as mi seh to yuh arredi, drive faas troo Matches Lane an hole yuh head straight ar else mi cyaan pramise seh yuh a ketch a airport tideh.

Devon speeds up to 120 miles an hour and plops the car wheels into a few deep potholes.

GPS: Oye maasa, mine yuh pap aff di axle cause if yuh get stuck in yah, a deh soh it dun!

Devon: Noh worry yuself man. A ristocrat driva yuh a look pan. Yuh noh si seh mi soon clear Matches Lane. Look pan duss a falla back a mi!

GPS: Well tank Gad fi small mercies. A di duss yuh a kick up bline di badman dem fram si yuh troo di winda! Lissen to mi carefully, when yuh reach di Tailor man up di road, drive couple miles an head towards Missa Brown Betting Shap afta di junction.

Devon: But Katrin, it come in like mi si dem a set up roadblack up ahead!

GPS: Den noh yuh jus seh yuh a badman? Yuh fraida lickle roadblack?

Devon: Yuh a tek dis ting fi joke. Mi seh dem a black di road up deh soh ooman! Tell mi wan nex way.

GPS: Well di only way is fi tun back an goh back troo Matches Lane. Soh yuh tell mi weh yuh waan do.

Devon: A wah kina almshouse directian dem dis yuh a gi mi? It come in like yuh a set mi up fi get rab tideh.

GPS: (*Laughing*) Rab? If a laff a blow a fuse tideh! Yuh a worry bout man a rab yuh? Mi noh tink yuh look inna di mirror before yuh lef dis marning enoh, cause if yuh tink a rab dem ago rab yuh bout yah, yuh have a nex guess coming.

Devon: (*Nervous, he starts to weep*) Mary Modda of Jesas, mi a fret enoh Katrin. Mi tink mi feel lickle pee-pee a come dung. Do! Noh mek mi goh back troo Matches Lane. Mi wi do anyting fi yuh. Do mi sistren, noh mek mi goh back troo dah bad area deh again.

GPS: Lawd man! Wipe aff di nosenaught affa yuh tap lip an get a hole af yuhself. Pay attention an stay focus! If yuh seh dem black di road, yuh noh have no way fi goh, but back weh yuh a come fram. Start tun di cyar roun an drive faas like mad!

Devon makes a U-turn in the middle of the street. He presses forward shaking nervously.

Devon: Holy Moses, Jesas af Nazaret! Mi si two bway a come out wid dem gun Katrin. Weh mi fi do? WEH MI FI DO?!

GPS: Calm dung noh ediat bway! Wah mek yuh noh jus tek out di lang evalasting ears-ring soh yuh noh look like pappy show in front a di badman dem? Maybe dat is a solution to yuh insanity.

Devon: OK love. Mek mi tek it out.

GPS: Good. Now buff out yuh chess an deepen yuh vice like a real man if dem stap yuh.

Devon: Hey, dem a come up to di cyar Katrin. Sshhh! Noh seh nutten. Mi wi deal wid di case. (*Nervously winds down the driver-side window*) Hehem! Yow star what a gwaan? Unu a hole dung di fort? Yeah man. A unu run tings. Big up unuself sed speed. Respec concrete, 4 foot deep! Yuh dun know how it goh!

GPS: (*Whispers under its breath*) *Kiss mi computa chip! A mek im a ova do it soh? A waan wan a dem gunman gi im wan rahtid kuff inna im blouse an skirt head yuh si. Dyam fool!*

The gunmen give Devon props and let him through without incident. He is shaken but relieved.

Devon: Shew! Dat was so frigging close! Pssshhh…dem look like dem a saafas dowe. Di lickle yellow teet bway inna di marina shut mawga an light soh til mi coulda bax im dung wid wan finga.

GPS: But si yah! Yuh coulda fool mi. Well since as yuh noh dead yet, tek Penn Avenue straight til yuh si wan Pentecostal church pan di right han side. Mek di right which part yuh si wan big fat lady a sell ackee by di dozen. Fram deh soh, yuh can ketch pan airport road pan di battam en an yuh on yuh way.

Devon: Really? A big tings Katrin! Yuh a di bestess GPS mi eva buck up pan. A coulda kiss yuh up!

GPS: No tank yuh brah-brah! Nat wid dem deh wetty-wetty mout. An word of advise, since yuh gat soh much shuga inna fi yuh tank, di nex time yuh a goh airport an need a back route, try yuh bess get police motorcade fi escort yuh. Yuh hear mi?

Devon: Ah-rite Miss Katrin. Tanks again babes.

GPS: Have a safe flight. Signing off!

The Dread's Response Series...

The 'Dread's Response' series is written with the Rastafarian (Rasta) culture and belief system in mind. The Rastafarian movement is much more than a religion. It is a way of life, a social movement, as well as a mindset.

The short sketches in this series are about a Dread who believes he is being harassed and oppressed by "the system" and the world around him.

The series reflects the Dread's protest against oppression and authority using the Rasta dialect and speech patterns. In the series, the Dread's rhetoric represents his way of dissenting against what he believes to be unjust in a humorous manner.

The traits of "The Dread" presented in the sketches are not true of all Rastafarians.

"Jah bless an guide!"

The Dread's Response – Going to Canada

A Rastafarian ('The Dread') wants to travel to the Canada via Norman Manley Airport. He is asked a series of questions by an airline employee. The following contains the interview questions and the Dread's interpretations and responses.

Ticket Clerk: Good morning sir. Can I have your name please?

The Dread: Rebo Jeremiah Baruka Phillips, mam. But mi bedren dem a east cawl mi Bobo Skanky an some pan di west cawl mi Curry Puss. Den yuh si ova pan di nart coast, dem man deh cawl mi Scatta Shot, becaah it was I who shot di sheriff but I neva shoot di deputy. Jah Rasta-far-i know!

Ticket Clerk: (*Confused by his response*) Huh? Sir, all I asked for was your birth name. Anyway, why don't I just refer to you as Mister Phillips? Would you like to purchase a ticket to today sir?

The Dread: Yes nice lady. I an I a try buy a wan way ticket fi reach New Yark, farrin. It goh soh!

Ticket Clerk: Well Mister Phillips, flight 0747 is headed to Toronto, Canada. We are not flying to New York today. You cannot purchase New York tickets at this counter.

The Dread: Dawta, mi a noh ediat yuh noh. Mi ovastan seh unu a goh a Toronto but di fare too blurtnaught dare fi fly goh deh soh man. All mi a beg yuh is fi jus sell mi a half price ticket to New Yark. Mi wi come aff deh soh an walk crass di barda an reach Toronto miself.

Ticket Clerk: I am afraid that will not work sir. There are no stop offs in New York and you simply cannot walk across the border into Canada. That is not how things work.

The Dread: Unu luv si Rasta suffa – don't? Yuh cyaan beg di plane driva fi jus let mi aff a New Yark mek mi fine mi own way a Toronto? How yuh know seh mi cyaan walk crass di barda? Mi can walk far enoh dawta. Yuh know seh wan time mi walk all di way fram Denham Town to clear uppa Clarendon fi get a piece fram Jackilin?! An dat well far!

Ticket Clerk: Sir, all our flights are non-stop and I am afraid we can't assist you in that manner.

The Dread: Yuh know yuh face pretty but yuh characta dutty? Right yah now, yuh naah serve NO purpose fi di I. Chaaaa! (*Long kiss teet*) How much fi di plane ride fi goh all di way a Toronto now, eeh?

Ticket Clerk: 560 U.S. dollars sir.

The Dread: Kiss mi mumma! What a wikid set a criminal unu?! A tief unu waan Rasta fi goh tief fi goh farrin? Lady look inna yuh machine an try fine sinting cheapa dan dat yaah man. A 200 beesenaught U.S. dalla mi have inna mi packet, yah hear mi?!

Ticket Clerk: 200 U.S. dollars cannot get you anywhere abroad sir. I don't even think that can get you anywhere even close to Negril.

The Dread: Ah-rite, hear mi now – tap renk yuhself wid mi! Mi a try reason wid yuh wan a way an yuh jus a hat up I man structa. Wah bout if yuh jus put mi pan wan a dem small charta plane? Mi know dem deh lickle ants sinting cyaan cast more dan 50 U.S. a head.

Ticket Clerk: That is not an option sir and our charter planes do have strict overweight limits.

The Dread: A who yuh a call overweight?! Mine mi haffi get bringle pan yuh tideh enoh big teet ooman!

Ticket Clerk: Sir, I am referring to your suitcase, not your body weight.

The Dread: Yow lady, nutten noh inna mi grip but tree lickle tam, wan marina shut, two so-so brief, mi big kette drum an wan ratchit knife. Weh yuh noh tap gi mi aggrivatian an mek Rasta praspa?

Ticket Clerk: You will not be able to travel with that knife sir. It is against airline policies.

The Dread: Tek mi knife if yuh tink yuh bad. Try tek it! Yuh mussi waan mi step crass di counta an beat yuh prapaly! Mi knife a goh wid mi! Mi noh cayta fi yuh an yuh airline POLITRICKS!

Ticket Clerk: Well, I will just have to alert security to handle this situation.

The Dread: Hole an deh babydoll. Hole tite an easy yuhself! Nobadda call di security bway ova yah cause it look like im love lick, an Rasta cyaan badda wid di beat dung dis marning. Ah-rite, yuh can tek di ratchit knife, but beg yuh noh touch mi kette drum.

Ticket Clerk: (*Sighs*) Do you have a visa sir?

The Dread: BLOOD BAWT! Dat blastid visa qwestian again? NO! Rasta noh have noh visa! Di renking gyal a di passport affice deny mi applicatian troo I an I is a righteous descendant fram di modda lan! A soh di sodomite dem racist gainst Rasta all di time.

Ticket Clerk: In that case sir, you cannot fly today without a visa. Next in line please!

The Dread: But kiss mi chillum pipe! A weh mi do unu mek unu haffi deal wid mi soh naasy iyah? Yuh si how yuh nose-hole open up like dem half breed jackass. UNU MOVE AN GOH WEH!!

The Dread's Response – Bank Loan Interview

The Dread unsuccessful in going to Canada, attempts to apply for a loan to open up a business. He enters a bank in Kingston and sits down for an interview with the bank's manager. The following contains the interview questions and the Dread's interpretations and responses.

Bank Manager: Good afternoon and welcome to Central Commercial Bank. May I have your name sir?

The Dread: I an I African name is Rebo Jeremiah Baruka Phillips di tird mam. But some a mi artical dem outta street cawl mi all sorta name like Curry Puss, Monkey Spine, Bobo...

Bank Manager: (*Interrupts*) OK, OK! Your real name is all I am interested in sir. How old are you Mister Phillips?

The Dread: I man as a Orthodax Rasta noh count birtday – zeen? Nex qwestian.

Bank Manager: OK then, what is your date of birth?

The Dread: Mi seh Rasta noh deal wid dem birt tings deh sistren. Write dung how much yuh tink mi is pan di peica paypa.

Bank Manager: May I have your address please?

The Dread: I man live rouna Seaview Gardens, right in front a wan big guava tree, crass fram Miss Adams cheese trix stall.

Bank Manager: Sir, that description does not provide me with a street address. Do you have a telephone number for your place of residence?

The Dread: Fiyah bun pon all house phone! I man noh partake inna unu babylon phone ism an schism, ya'noh seeit.

Bank Manager: Ok then, what is your marital status sir?

The Dread: I an I have a comman-law wife name Rita, but now an den Marva fram roun di lane come check mi fi get a wan slap. Di dawta fat yuh si sistren!

Bank Manager: How many children do you have Mister Phillips?

The Dread: I an I have bout 2 dozen an a half lickle soljas a run all bout di islan'. But I an I suspec seh wan a dem a jacket dowe. I man noh know how comes Rasta get a yute wid coolie head. Dat circumspec, noh true?

Bank Manager: I am not going to get into that aspect of your business sir. What do you do for a living by the way?

The Dread: I man sell jelly cokonat pan Spanish Town Road an lickle weed outta mi kitchen winda. It goh soh!

Bank Manager: I don't know how to classify that occupation sir. What position would you like me to record for your application?

The Dread: Write dung di lizzad lap position. But trus mi, I man open to any adda positian like missionary, sixty-nine, daagy style, wheel barrow an dem tings deh. Yuh si mi?

Bank Manager: (*Eyebrows raised*) This interview is getting very weird here. What will be the name of your company?

The Dread: Mi did tell yuh seh mi waan kip company wid anybady? Rasta noh kip company – zeen! I man kip to I self an run weh all di unrighteous who come mongst di I. Chat bout!

Bank Manager: What would you say is your average monthly income?

The Dread: Depends pan di season and di demans fi di weed. Some time bizness slow an ting.

Bank Manager: Do you have any credit references Mister Phillips?

The Dread: Mo' fiyah! I man noh deal wid credit! Strickly up front dallas a do it!

Bank Manager: Are you interested in an unsecured overdraft limit?

The Dread: Chat English! A wah di bloodbaught name soh?!

Bank Manager: Never mind. How about your personal loan amount?

The Dread: Well personally, Tony owe I man bout 40 Gs. A gwine buss im klaat when a buck im up. Watch mi an im bloodseed!

Bank Manager: Mister Phillips, focus please! Can you at least estimate your monthly payments?

The Dread: Dawta, mi haffi ask Tony fi dat, caah a monts now I man noh si a cent fram dat bombawt tieffing bway!

Bank Manager: OK, let me try it this way. May I have the number of monthly payments you have outstanding?

The Dread: Yuh deaf ooman?! Mi seh Tony noh gi mi back mi money, soh all a it houtstanding!

Bank Manager: (*Sighs*) Do you have a mortgage loan sir?

The Dread: I an I noh pay margage fi mi zinc shed. Is I man buil dat wid mi so-so han dat Jah Rastafar-i providet.

Bank Manager: How about monthly household payments?

The Dread: Yuh come back a ask di same foolishness bout montly payment? Kiss mi neck! A wah kina blurtnaught amshouse yuh a try kip up lady?!

Bank Manager: (*Bites her lip in frustration*) Sir, one more time, do you have payments outstanding?

The Dread: Is wah do dis ooman dowe eeh Rasta? MI SEH TONY NOH PAY MI FI MI CALIWEED YET! Di whole a mi money houtstanding!

Bank Manager: Well sir, based on your responses, I am afraid I will have to deny your application for a loan. I am truly sorry about this.

The Dread: Yuh si yuh, yuh is nutten but a dutty Jezebel a try fight dung Selassie-i. Bun fiyah pan unu evilous canspiracy unu try inflict gainst Rasta!

Bank Manager: Mister Phillips I understand your frustration. Why don't you come back whenever you have your affairs are in order?

The Dread: Wah mi affairs haffi do wid mi applicatian sistren? I man well arganize wid all mi affairs enoh. Hear dis - mi have Herma pan Monday, mi get piece fram Jackilin mid-week, Marva let aff pan Satidey and I man ress pan Sunday. See it dey! All a di affair dem inna arda. Chat bout!

Bank Manager: That's not the kind of affairs I am talking about. Anyway Mister Phillips, this interview is over. Sorry we could not assist.

The Dread: But a weh di...?RED HAAATT FIYAAHH PAN UNU BABYLON SHYSTEM! Wey mi sey? RED HAAATT!! UNU MOVE AN GOH WEH!

The Dread's Response – Customer Service Job Interview

With no luck in getting a loan from the bank, the Dread now attempts to apply for a customer service job at a local supermarket. The following contains the interview questions and the Dread's interpretations and responses.

Store Manager: Thanks for coming in today to meet with me sir. What is your name for starters?

The Dread: Rebo Jeremiah Baruka Phillips. Also known as Monkey Spine, Bobo Skanky, Curry Puss, an more time mi idren dem cawl mi Scatta Shot.

Store Manager: Well I'll just call you Rebo, OK? So tell me a little about yourself.

The Dread: Well dere is nat much mi can seh enoh, but as yuh can si, I an I buil' big an strang like di conquering Lion. Some people seh I man hignorant, but a troo dem noh ovastan seh if yuh disrespec Nyahbinghi, mi wi tell yuh two klaat an noh watch noh face.

Store Manager: Hhmmnn...interesting! Why should we hire you Rebo?

The Dread: Cause di sign outta door seh "Help Wanted." Unu look like unu waan help, soh si mi yah fi help unu out.

Store Manager: If you should be hired, what are some of the things are you capable of doing?

The Dread: I man can do anyting yuh want mi fi do - zeen. Jus noh ask mi fi hangle noh powk an wok pan di Sabbat'.

Store Manager: So does that mean you are Seventh Day Adventist?

The Dread: Seben Day Hadventist? Mi noh know wah name soh enoh sistren, but trus mi, every Satidey some wikid stage show always a gwaan, an a deh soh mi ress more time. Dats why mi noh wok pan di Sabbat'. Yuh si mi?

Store Manager: So tell me, why did you leave your last place of employment?

The Dread: Di sour bway mi wok fah waan accuse di I af tiefing small commodities affa di shelf, soh mi an im naah deal. Mek di fassy goh weh!

Store Manager: What would you say are your best skills?

The Dread: Who? Trus mi, I man can ride a wikid ridim an DJ pan some wikid dubplate, ya'noh seeit!

Store Manager: I was talking about skills related to the job Rebo. Anyway, how much do you expect to be paid?

The Dread: By di tousands! No silva money. Dem dey sinting jus good fi stone bud.

Store Manager: Have you ever been arrested or convicted of any crime?

The Dread: Wan time, but dat noh count. Di police bway jus lack up I man caah im seh it gainst di law fi moles' schoolas. I man mek a mistake. Mi did tink di gyal was in har 40s to how har foot back tough.

Store Manager: How would you get to and fro work? Do you have your own transportation?

The Dread: I man foot is I man trans-p, ya'noh seeit. Yuh tink mi get dem callous yah and dutty foot a drive Mercedes?

Store Manager: How would you say you get along in a team environment?

The Dread: Team environment? A wah name soh mam? Beg yuh chat standard patwa soh mi can ovastan yuh please.

Store Manager: OK, never mind that. Are you at least pleasant on the phone?

The Dread: Yes, til smaddy facety dem stinking self wid mi. Den mi tell dem bout dem mumma!

Store Manager: Are you good with customers Rebo?

The Dread: Yah man! I an I always keep mi customas coming fi more. All 1 a'clack inna di marning mi customas dem deh a mi yaad a look fi some good herb! Yuh si mi?

Store Manager: Any personal references?

The Dread: Talk to all mi weed customas. Man like Ras Pinkey fram Vineyard Town, Smoky fram Waltham Park, an mi idren Benjie Daag fram dung a Jungle.

Store Manager: Well Rebo, based on this interview I am afraid we will not be able to employ you for the open position. I don't think you would be a good fit here. I'm sorry about that.

The Dread: A weh di mi bloodbawt unu a wais Rasta time fah, eeh?! A have a good mine rinse out yuh bloodseed! GOH WEH! Unu dutty sodamite unu!

Yaad Fowl and Farrin Fowl Series...

The 'Yaad fowl and Farrin fowl' series is a metaphor on the cultural differences and stereotypes of how chickens are raised in Jamaica ("Yaad") versus being raised abroad ("Farrin").

Throughout the series, Yaad Fowl's superior and aggressive attitude often results in conflict with the hoity-toity Farrin Fowl. Nevertheless, one thing is certain; both are proud birds whose friendship stays rock solid despite their opposing lifestyles and constant disagreements.

"Trow mi carn, mi noh cawl noh fowl."

Farrin Fowl Comes to Jamaica

On a special invitation, Farrin fowl visits Jamaica one summer to spend time with her dear friend, Yaad fowl. Yaad fowl arrives at the Norman Manley airport in Kingston to pick up her American friend who she hasn't seen in years. She waits at the taxi stand, pacing and flapping her wings to keep herself cool from the heat.

When Farrin fowl arrives, she looks around in awe at the spacious layout of the airport and impressive architectural designs. She leaves the building and spots Yaad fowl in the distances. She flaps her wings with excitement, trying to get her attention.

Farrin Fowl: (*Waving*) Hi there! Yoohoo...Yaadi over here!

Yaad Fowl: (*Turns around*) Oh! Mi neva even know seh a yuh dat Farrina. Yuh look draw dung fram di laas time mi si yuh man. Tun roun mek mi look pan yuh good gyal. Whaaaatt is dis! Mi si seh yuh still a maggle inna pike heel boot an walk stoosh like yuh a some kina tap maggle.

Farrin Fowl: What's wrong with my walk? This is how we are trained to walk in the States, Yaadi. Give me a hug sugar! Long time no see. (*Fanning*) Oh my, it's really hot in here Jamaica. I hope you folks have AC down here.

Yaad Fowl: Den yuh noh muss hat if yuh gat aan soh much blastid feada pan yuh back, Farrina! Dung yah wi noh wear soh much feada seka di heat. Look an si how part a mi battam peel out! (*Shows Farrina her butt*) Nat a eartly feada pan mi behine. Yuh si dat?

Farrin Fowl: Eeww! I don't want to look at your butt! That's nasty! Anyway, Yaadi can we hop a big rig truck to get home now? I am extremely exhausted!

Yaad Fowl: Noh talk loud mek anybady hear yuh bout hap truck yaah missis. In Jamaica fowl get roun pan foot. Why yuh tink wi leg dem fat an trang soh?! Yuh betta pick up yuh grip an come mek wi start walk - bout hap truck!

Farrin Fowl: WALK?! Jeez! The furthest I have ever walked in my entire life in the States, is to the farm gate. I am not walking all the way to your home. You are crazy!

Yaad Fowl: Oh, soh a farm yuh live pan? But si yah! A wah kina big life unu a life up deh soh?

Farrin Fowl: Yes, we live on a poultry farm and we are well kept by our master.

Yaad Fowl: Soh unu a slave up deh wid master and dem ting deh? Mi tink seh farrin dun wid di slavery bizness lang time! Dung yah wi noh ansa to nat a masta.

Farrin Fowl: Oh no! We don't work at all. That's not what I meant. Our master is a wealthy man name Mister Perdue. He makes sure we have daily baths and stay clean, not like how filthy you look now in public Yaadi.

Yaad Fowl: Look yah Farrina, try yuh bes doan renk yuself wid mi! Lowe mi an mi dutty feada and dutty foot. Mi noh jine di "bess dress chicken" posse. Mi noh have noh time fi a titivate inna bess dress clothes fi walk a road. An which part unu hear seh fowl bade? All fi unu meat muss tough if a soh unu bade everyday. Yuh betta come aan, cause a far wi haffi walk fi ketch weh wi a goh.

Farrin Fowl: Alright! Sometimes for a chicken you can act so much like a pig!

98

After several hours of walking, the two finally got home. The heat exhaustion shows on their wilted faces. Farrin fowl is hungry and drained.

Farrin Fowl: Can I get something to eat Yaadi? I am starving and my throat is awfully dry.

Yaad Fowl: No prablem man. Mi know di perfect place fi get some good nutritious food.

Farrin Fowl: Oh goodie! Just don't take me to KFC, please. That place gives me the creeps! I heard that's where all the rotten chickens go.

Farrin Fowl: Wi nat going no where near KFC. Wi going ova Miss Myrtle yaad. Dat ooman always have whole heapa fat cackroach an biting ants a run up a dung di place.

Farrin Fowl: (*Alarmed*) OH YUCK! You eat ROACHES?! EEWWWW! If that isn't the most disgusting thing I have ever heard. Have you guys heard of chicken feed made of crushed animal parts?

Yaad Fowl: Noh wanda yuh soh mawga! Fowl fi nyam cackroach! If yuh waan delicate food galang back a farrin! An please to tek aff dat boot. Is yuh so-so foot yuh gwine haffi use fi scrape out di food fram outta di gutta wata.

Farrin Fowl: I can't walk barefoot! The heat will melt my feet. I just got a pedicure before I came here Yaadi! My feet will be ruined! Please let me keep my shoes on.

Yaad Fowl: Missis yuh really goh get pedicure fi dem deh lang ugly crow toe dey? Please yuself, but mi know seh di ress a fowl dem a goh laff affa yuh backside a walk a road inna pike heel boot.

Farrin Fowl: OK, I'll take it off! Jeez! Let's go 'cause I am hungry.

They walk the streets towards the home of Miss Myrtle. Farrin fowl is beginning to feel the effects of walking barefooted in Jamaica and begins to complain:

Farrin Fowl: Ouch!! Ooohh Ouch!! All these stones...ouch!! The pain...oooh the pain!

Yaad Fowl: (*Chuckling*) Merciful faada, if a laff a loose a feada tideh. Yuh betta learn fi walk pan gravel yuh noh, caah mi naah lif yuh up. Hole an...si cyar a come. Wi ago wait fi it paas before wi crass di street.

Farrin Fowl: Oh hell no! We are taught in the States NEVER to cross the streets! This is not good for us chickens. You are out of your mind! (*Folding wings*) I am not doing it!

Yaad Fowl: Den yuh noh can tan up which part yuh deh. Yuh tink mi bizness? Fi get to Miss Myrtle yaad wi haffi crass di street. Soh tell mi how yuh a ketch deh if yuh noh crass di road?!

Farrin Fowl: Don't you guys have an overpass bridge nearby? I am too scared to cross this busy road. This could end my life Yaadi!

Yaad Fowl: Kiss mi bird beak! Yuh is very hackling fowl enoh Farrina. Gi mi yuh wing mek mi help yuh crass di street, caah Gad know seh yuh a try mi patience!

They cross the street and race to the yard. Yaad fowl spots several roaches crawling idly in the back yard. She signals Farrina to be quiet and then she takes chase after a roach.

Yaad Fowl: Come yah yuh lickle bugga! Hey Farrina yuh naah chase di cackroach dem? Si wan a yuh foot deh.

Farrin Fowl: (*Screaming*) AAAHHHH!! Get this creepy crawly thing off me!!

Yaad Fowl: NYAM DI SINTING EDIAT!! But a wah do dis fowl dowe dear Gad?!

Farrin Fowl: OK, OK! I'll try! Here goes...one, two, three! (*She grabs a roach and starts chewing*) This thing had better be fat free. This roach is so dam oily; it could give me high cholesterol!

Yaad Fowl: Is nat aile dat pan di roach Farrina. Mi tink a lickle Baygon roach spray Miss Myrtle spray pan im, an it neva tek good!

Farrin Fowl: Oh my God! I am going to be sick to my stomach! Boy you Jamaican chickens have such a weird diet. No wonder you are so fat and overweight.

Yaad Fowl: Mine who yuh a cawl ovaweight yuh noh Farrina. Noh mek mi tek sinting an bruck aff yuh mawga foot mek Ms Myrtle tek dem mek chicken foot soup.

Farrin Fowl: Good God! Jamaicans eat our feet too?!

Yaad Fowl: Yes mi dear. Dem nyam di foot, di neck, di bress, di wing, di fowl batty - dung to di bone! Dem nat even lef a scraps a di bone fi di dawg dem. Dem nyam it aff clean, clean! Soh dem noh nyam di fowl bone a farrin?

Farrin Fowl: Not really. From what I heard, it is not as juicy and doesn't have a certain flavor to it.

Yaad Fowl: Mi noh surprise, caah if unu can up deh a nyam crush animal parts an unu soh mawga an look like dead duck, mi noh si how fi unu bone can taste good.

Farrin Fowl: That's not nice Yaadi! We make the best cajun fried chicken and juicy grilled chicken.

Yaad Fowl: But ketch pappy show! Dem dash unu pan grill? Unu lucky. All dem do dung yah a dash seasoning pan wi, bun wi up inna cockanat aile, an bwail wi dung inna wan dutchie pat. Di closess wi get to wan grill a inna wan big ole drum pan itch up side a odda fowl meat. Di smoke in deh is enuff fi kill yuh if yuh neva dead praperly. Dat a weh dem call jerk fowl dung yah.

Farrin Fowl: That is such animal cruelty.

Yaad Fowl: Tap yuh blastid nize bout animal cruelty. A soh fowl fi nyam! Unu an dis cajan and grill chicken foolishniss. When dem nyam fowl dung yah, all di fowl grease lef pan dem mout carna and ten finga a lick! Anyway mi tirsty bad. Mi ago look some gutta wata fi drink. Yuh waan some?

Farrin Fowl: I'm OK. No thanks. I'll just swallow my spit.

Yaad Fowl: Suit yuhself. Gutta wata good fi yuh. A it kip mi regula.

Farrin Fowl: So where do you use the bathroom when you have to go?

Yaad Fowl: Anywhere! As yuh feel like di sinting a come, yuh jus let ie goh. Di only bad ting is, smaddy always a tep inna yuh dee-dee an carry it inna dem house.

Farrin Fowl: Can we go home now? I think I am getting sick from this heat and I need to rest my feet.

Yaad Fowl: Wait deh fuss. Mi waan do-do (*She lowers her bottom and lets it out*).

Farrin Fowl: Oh dear God that is nasty!! (*She hides her face*) I can't look at this. That is disgusting Yaadi! You are one SICK chicken!

Yaad Fowl: (*Grinning*) *Aaahhh*...dat feel good. Mi noh know how yuh soh stoosh fi a fowl. Dat man name Mista Purgy or whateva im waan name, bruck unu bad! Come wi goh home back to roost before night ketch wi.

On their way back home no words were exchanged between the two. Yaad fowl senses the discontent in Farrin fowl's face and from her posture. She breaks the silence:

Yaad Fowl: Soh yuh enjoying yaad soh far Farrina chic?

Farrin Fowl: (*Vexed*) CLUCK NO and don't call mi chic either ...IT'S CHICKEN!

Yaad Fowl: Lawd, yuh neva haffi nyam aff mi head soh! Ah-rite Farrina, tomarrow mi carry yuh back a airport mek yuh galang back a yuh stoosh farm. Yuh noh cut out fi yaad runnings.

Farrin Fowl: (*Pouting*) Yes please. This lifestyle ain't for me at all. I wanna go back home. To heck with this!

Yaad Fowl Comes to America

A year has past since Farrin fowl visited Jamaica and she convinces Yaad fowl to visit her for a few days in the United States. On a misty and cold November morning, Farrin fowl anxiously waits for Yaad fowl's arrival at the airport. Twenty minutes had past since the scheduled arrival time. Farrin fowl watches the clock in the terminal as minutes go by. She is now getting very impatient.

Farrin Fowl: Where in the world is this Jamaican chicken? This is ridiculous now! Half an hour and she is still not here. Good grief!

At baggage claim, Yaad fowl collects her bags and circles the airport waiting area looking for signs of Farrin Fowl. She sees her waiting in the distance and runs in her direction.

Yaad Fowl: (*Waving*) Oye deh Farrina! Whappen? Si mi ova here! Come gi mi a hug noh man.

Farrin Fowl: Do you know what time it is? I thought you were supposed to be here half an hour ago?!

Yaad Fowl: Tek yuh time an mine yuh blood pressha. Unu farrin fowl noh know bout Jamaican time? If mi seh fi pick mi up 11'aclack, dat mean mi naah reach til 12:30. Fi wi airplane always late. Mi tink yuh did know dat.

Farrin Fowl: You never told me that. Anyway, let's go - the taxi is waiting to take us to the farm.

Yaad Fowl: Taxi? What a fowl like yuh luv pap style pan people. Mi noh have noh money fi pay noh taxi fare yuh noh Farrina, soh mi noh know a who tell yuh fi cawl taxi.

Farrin Fowl: It's OK Yaadi, I have extra cash. Let's go and where are your belongings?

Yaad Fowl: Si dem yah! Is jus two scandal bag a tings mi carry. Mi noh need nutten more dan dis fi di couple days mi spending here.

They leave the airport terminal and head outside to the waiting taxi. Yaad fowl feels the effects of the raw cold wind gusting through her feathers and is alarmed.

Yaad Fowl: KISS MI BIRDSEED! A how out yah soh cole man?! No sah! Mi a goh back inna di building!

She takes off running back into the airport building, shivering from the cold. Farrin fowl is visible annoyed and runs back in after Yaad fowl.

Farrin Fowl: Stop! Where are you going? Look Yaadi, it's not my fault that you don't have enough feathers to keep you warm. Come on and stop the nonsense! The taxi has heat.

Yaad Fowl: Jehovah Gad, if yuh mek mi ketch cole inna mi head, mi an yuh! Jesas heavens, a mussi tree degrees minus naught out deh. Look yah noh Farrina, if mi mikase mi can ketch back mi plane an goh back a mi yaad enoh. It too cole up yah man!

Farrin Fowl: It's OK I said! When we get to the farm you will be in a warm place. No worries.

Yaad Fowl: Ah-rite den. Hole an deh mek mi empty out wan a di scandal bag an use it tie up mi head. Mi noh waan ketch noh head cole a-tall.

Farrin Fowl: (*Puts her wings under her belly and laughs*) You look like any old mascot. You silly fowl!

Farrin Fowl: Yuh can stay dey laff yuh hear. Ah-rite mi ready on four.

One...two ...four!

Yaad fowl hastily dash into the taxi and dives into the back seat. She trembles as her beak rapidly knocks together, making a loud rattling sound.

Yaad Fowl: Oye driva, tun di heata up high fi mi. Tun it up til it BUCK bedren!

Farrin Fowl: Calm down Yaadi, he doesn't have to turn up the heat that high. Plus the heat will ruffle your feathers and it is bad for your skin.

Yaad Fowl: Misiss, a Jamaica mi come fram enoh. Heat neva do mi nutten fram Madda Hen lay mi outta har belly. DRIVA MI SEH TUN UP DI HEAT!

Farrin Fowl: OK, have it your way Yaadi. We will be at the farm in any time anyway.

Yaad Fowl: Soh dis gwine to bi a big farm Farrina? Mi gwine meet Mista Purgy or whateva di man name?

Farrin Fowl: It's Mister Purdue. Yes, the farm is big. You will meet some of my friends who live there too.

Yaad Fowl: Soh weh mi gwine do fi fun, cause mi nat going outta door inna dis cole wedda a falleetee. Mi ago jus lack up inna farmhouse soh?

Farrin Fowl: We will have plenty things to do like running around and chasing other chickens. It will be loads of fun. I promise.

Yaad Fowl: Tell mi unu have some man fowl caah mi noh chase ooman. Nat fi fun, love, nor cock fight - awoh!

Farrin Fowl: OK, here we are. Thanks driver. Here is the fare.

Yaad Fowl: Tanks bredda B. Yuh taxi cyar criss, but it coulda do wid lickle air freshna dowe. In yah tink a smoke like di rum bar dem a Jamaica.

Farrin Fowl: Oh good God! Shut your mouth and come on! You talk too much for a chicken!

Yaad Fowl: (*Vexed*) Mine yuh tone a vice when yuh a chat to mi enoh Farrina. Fi your infamation, mi is a fowl, soh noh call mi noh chicken. Chicken live inna fowl coob! Soh doan renk! Yuh dyam beak lang an fayva bamboo tick!

Farrin fowl is in no mood for an argument and did not respond to the insults. They exit the taxi and, in an attempt to avoid the cold weather, Yaad fowl sprints to get through the farm door.

Yaad Fowl: (*Shivering*) Woooiieee! SHEW!! Bway mi tink is a sin fi live inna dem yah breeda cole wedda yah. Mi noh dead yet an it come in like mi deh pan ice to rahtid.

Farrin Fowl: Quit whining Yaadi. Come let me introduce you to the folks around here. First we are going to stop by the cage of one of my best friend.

Yaad Fowl: (*Pointing*) Wait deh, a who dah man deh a walk wid di lang neegle? A mista Purgy dat?

Farrin Fowl: I said it is MISTER PURDUE! And no, that is not him. He is just a guy that works here.

Yaad Fowl: Soh weh im a do wid di neegle? Im a wan Nurse ar Dacta?

Farrin Fowl: He is the one that gives us a special injection so that we mature very early. Nothing much, it is just some fertilizing medication.

Yaad Fowl: (*Flapping wings*) Eeh eeh now! Spanish Town! A GWINE TELL PAN UNU!! Oohh, soh is bogus bizness unu have up yah a farrin? If unu govament eva hear bout dis, dem feed di whole a unu to di dawgs!

Farrin Fowl: Hahahhaha. You are so silly and naïve. The government is the one that suggested we get injections. It gives us more meat on the body for those who like meaty chickens.

Yaad Fowl: An look how unu luv cawl fi wi govament korrup! Tell mi sumting, unu govamant eva hear bout cackroach?! A lang time mi a tell yuh seh dat a di bess ting fi fatten yuh up an yuh naah hear mi.

Farrin Fowl: Oh please! Not that roach nonsense again! Besides, roaches are not on this side of town. You have to go to New York for that.

Yaad Fowl: How far New York deh fram yah soh? Caah mi naah mek nobaddy jook noh neegle inna mi behine a rahtid. Yuh mussi mad! Mi an neegle noh drink good tea – awoh!

Farrin Fowl: There are other things you can eat Yaadi. Relax. New York is miles from here and it is much colder than here in Salisbury.

Yaad Fowl: Well if it colda dan yah soh, den nobadda. Mi wi satisfy wid weh unu have fi eat.

Farrin Fowl: Let's go over and meet my friend first before we eat.

They turn towards cage 118 to meet one of Farrin fowl's close friend.

Farrin Fowl: Hey Elsie, this is my friend from Jamaica. Meet Yaad fowl.

Yaad Fowl: Easy noh. Respec every time! (*Clucking*) BWAK-BWAK- BWAK- BWAAAAK!!

Elsie: (*Frightened and annoyed*) Jeez! Why do you have to cluck so loud? That was so boisterous and vulgar!

Yaad Fowl: (*Turns towards Farrin Fowl*) Farrina talk to har fi mi noh. Dis lickle winch noh know seh mi wi tek mi toe dem and crawb up har face til dem haffi haul har goh a meat facktry pan stretcha?! Tell har seh mi noh easy as shi si mi yah enoh. Warn har fi mi Farrina. WARN HAR!

Farrin Fowl: Lord Yaadi, don't bother with the fighting in here. She is not use to that loud cuckling. That's all.

Yaad Fowl: Shi fi have respec. Shi have up attitude like mi do har nutten. Shi mussi tink har dee-dee can mek chicken patty!

Farrin Fowl: OK, you are obviously upset so come let me introduce you to another friend, and please don't lose your feathers and get into a hissy fit. Just stay calm. You are a guest here for heaven's sake!

Yaad Fowl: Yuh gat any black fowl in here? Cause it look like di white wan dem facety noh rahtid!

Farrin Fowl: All the chickens in here are white Yaadi. But all of us have dark meat. So technically you can say we are all bi-racial chickens.

Yaad Fowl: Is wah kina racist place dis? No black fowl inna di big, big farmhouse?! Kiss mi drumstick! Dis tek di cake! Jus introduce mi to smaddy who noh have dem beak up inna di air, cause mi is very hignorant an mi noh cayta fi noh hoity-toity fowl.

Farrin Fowl: OK, let me introduce you to one of the chickens who act black. You will like her. At least I hope so, seeing as you have such a hot temper.

They turn towards cage 214G. There a chicken with her legs crossed

110

smoking a cigarette, is casually flipping through the pages of a black hair magazine.

Farrin Fowl: Hey Bonquifa, I want to introduce you to my friend from Jamaica. Her name is Yaadi.

Bonquifa: (*Tosses the magazine to the side*) Heeeyyy...what's up?! You from Jamaica for real?

Yaad Fowl: Yeah man! Straight fram yaad!

Bonquifa: Dats cool. Can I ask you some'n dough? You gats any of that good ganja you can hook a chick up yow?

Farrin Fowl: Oh Lord here we go! Bonquifa why you had to go there with the weed thing? That is why you are going to end up at Popeye's as a three-piece. You smoke too bloody much!

Yaad Fowl: No Farrina lef har alone. Shi irie man. Shi know di real deal. Sistren hear wah happen now, mi did have a bungle a herb wrap up inna wan paypa bag but di airport guard bway canviscate it at di airport. Soh mi fresh out an ting. Sarry bout dat.

Farrin Fowl: (*Shocked at Yaad fowl's revelation*) YOU WERE TRYING TO SMUGGLE MARIJUANA INTO THE STATES?!

Yaad Fowl: Oye tap di loud talking ooman! Yuh galang like a noh regula ting fi weed come a 'Merica. It bun mi fi yuh how yuh can galang like dem miss goody-goody two shoes fowl yuh si. Cho!

Farrin Fowl: You are out of your mind Yaadi! You could have been sent straight to the slaughter house and had your neck cut off if you were caught smuggling that thing in here. You know what...let's go find something for you to eat.

Yaad Fowl: Ah-rite layta Bonquifa. Maybe lickle more mi an yuh can reason and ting yuh hear. Please to meet yuh.

Bonquifa: Fo' sure! Ain't nutten but a chicken wing. Peace out dog!

Yaad Fowl: (*Paused)* Peace out dawg? Yuh mean peace out fowl? Mi look like dawg to yuh?

Farrin Fowl: Oh my God! Why can't you behave yourself Yaadi?! (*Dragging her along*) Let's go! You are like a loose cannon I tell you.

The two go to the trough feeder for a bite to eat, but Yaad fowl is a little uneasy about the dinner menu.

Yaad Fowl: Soh what wi having fi dinna Farrina? Dis noh look too appitizing a-tall.

Farrin Fowl: It's chicken feed made up of parts of the pig and cow, Yaadi.

Yaad Fowl: Part a di pig an cow? Naah sah! Mi noh nyam powk! An mi fraida mad cow disease. Eh eh...mi noh inna dis!

Farrin Fowl: Why must you be so difficult Yaadi? It is just crushed parts and it is really tasty. Try it! At least I tried those nasty roaches in Jamaica. It's now your time to be a good sport. C'mon!

Yaad Fowl: (*Agress to eat the meal*) Ah-rite, but doan complain when gas tek mi up an mi running belly start, caah dem tings doan gree wid mi. Cyaan seh mi neva warn yuh.

Farrin Fowl: You'll be fine. If you want to use the bathroom I can get you a box. I am sure they have extra ones around here.

Yaad Fowl: Unu goh teilet inna bax? Unu stoosh eeh man! Den unu wipe unu battam when unu dun to?

Farrin Fowl: They will wash us up if we get too messy. If you want to go outside and do it fine, but remember it is freezing cold out there.

Yaad Fowl: Mi wasn't talking bout outside. Mi was tinking fi leggo it right yah soh.

Farrin Fowl: You must be loosing your wattle! No way! This is not Jamaica Yaadi. Have some manners, please!

Yaad Fowl: Well it too late. Lickle doo-doo get weh fram mi. Sarry!

Farrin Fowl: (*Livid*) What is wrong with you Yaadi?! Didn't I tell you that I could get you a box?!

Yaad Fowl: Yes, but yuh was running up yuh mout an mi belly was running in di meantime. Yuh noh know seh fowl cyaan hole up dee-dee. If it coming, it coming.

Farrin Fowl: Now they are going to get mad at me for letting you mess up the floor.

Yaad Fowl: How yuh can fret up yuhself soh Farrina?! All dem haffi do is tek peica claat an wipe it up. Is nat like is a whole heap a dee-dee. Is jus a lickle spec!

Farrin Fowl: Just don't eat anymore of the feed, because God knows I don't need anymore of you pooping all over the place!

Yaad Fowl: Mi did tell yuh seh dem farrin sinting yah noh gree wid mi belly an yuh naah lissen. Soh weh mi ago nyam now? Mi belly still hungry yuh noh.

Farrin Fowl: Can you just drink water? It is clear you cannot handle the American chicken diet.

Yaad Fowl: Soh yuh mean to tell mi seh yuh mek mi lef sweet, sweet Jamaica fi come up yah come drink wata fi food? Yuh know what, mi going back a mi yaad as day light! Mi cyaan talorate dis kina treatment. Mi did treat yuh betta when yuh did come dung a yaad laas year.

Farrin Fowl: What you want me to do? I don't know what to give you to eat. (*Stomping angrily*) And stop the everlasting pooping I said!

Yaad Fowl: MI SEY MI BELLY A HAT MI! Lef mi noh! If yuh neva gi mi di powk fi nyam none a dis wudden happen!

Farrin Fowl: (*Sighs and shakes her head*) Why don't we just go to bed. We had a long day. It is beginning to smell in here anyway.

Yaad Fowl: Yes, mek wi do dat cause mi yeye lid out fi shet dung. Weh mi roost deh?

Farrin Fowl: Roost? Now what on earth is that?

Yaad Fowl: Neva mine. Mi figet seh a farrin dis. Roost a sinting inna tree weh wi sleep inna back home. Which part mi a sleep den?

Farrin Fowl: You will be sleeping on a haystack among the rest of livestock.

Yaad Fowl: Mi noh know what yuh talking bout, but it soun like luxury. Lead di way, mi wi falla backa yuh.

Farrin Fowl: (*Leading the way*) OK, right this way. You know Yaadi, despite all the fuss I am really glad you came Yaadi. You just need a little time to adjust to the United States, that's all.

Yaad Fowl: *(Kiss beak)* Mi seh mi going back a mi yaad tomorrow. Couple cackroach woulda do mi well yah now an yuh have mi up yah a starve.

Farrin Fowl: Jeez! You don't have to sound so mean! I am sorry we don't have roaches here.

Yaad Fowl: Di troot is di troot Farrina. Yah soh cyaan hole mi. Mi need fi walk bout free like a bird. Mi noh waan coupe up inna farmhouse all day. Might as well dem cut aff mi head an tun mi inna chicken noogle soup if a soh.

Farrin Fowl: OK then. I won't force you to stay if you don't want to. What time do you want me to take you to the airport?

Yaad Fowl: As daylight mi outta here - soon a'clack!

Farrin Fowl: I thought you said your airline is always late.

Yaad Fowl: Nat when dem leffing farrin. Di plane lef farrin pan time, dem jus come a here late. Mi noh blame dem, cause mi woulda inna hase fi lef yah to!

Farrin Fowl: Whatever Yaadi! That is fine by me. Good night.

Yaad Fowl: Eeh eeh...good night Farrina.

Farrin Fowl: So are you coming back to visit me some other time Yaadi?

Yaad Fowl: HELL NO!! Cluck dis place!

Yaad Fowl Marries a Cock

The two friends, Yaad fowl and Farrin fowl, are about to be reunited for the matrimonial event that was to be held in the beautiful countryside. Yaad fowl was getting married and asked Farrin fowl to be her maid of honor. Despite Farrin fowl's unpleasant experience from her last trip, she agrees to fly back to Jamaica for the event.

On the day of the wedding, various species of birds from across the island prepare to be a part of the affair. Perched on a tree limb, Farrin fowl is working earnestly to get Yaad fowl dressed for her wedding. She is enthused by the transformation she sees in Yaad fowl.

Farrin Fowl: Oh Yaadi you look wonderful! This is the first time I have ever seen you glow and you look so featherful. You even grew more feathers on your bottucks since the last time I saw you.

Yaad Fowl: Tank yuh mi love. But how yuh mean a di fus time yuh si mi look soh bragadocious? Soh all dem time yah yuh tink mi di look sheg up an fayva deform turkey? A dat yuh a try seh?

Farrin Fowl: Oh no! No, no Yaadi. I am just saying you look exceptionally beautiful today and your feathers are extra full and fluffy!

Yaad Fowl: Oh yuh lucky! Noh tink seh because mi inna mi bess dress mi fraid fi trace an galang bad. Anyway, yuh si mi girdle bout di place? (*Shi looks around and spots her girdle*) Oh, si it deh heng up pan di tree limb. Pass it gi mi mek a try ban in dah big belly yah.

Farrin Fowl: Are you sure you want to wear this tight thing? God knows you always have to poop and I am not sure if you can get out of it fast enough.

Yaad Fowl: Nat a prablem Farrina. Nobaddy naah goh notice if mi leggo a load inna it! It have extra padding.

Farrin Fowl: Oh dear God! You are one nasty chicken! Remember I have to stand beside you, so please control the everlasting pooping! OK?

Yaad Fowl: A mek yuh can galang soh stoosh like Miss Matty puss soh gyal? Sometimes mi haffi wanda if yuh really belang to di fowl breed. All yuh do, if sumting noh smell right, jus grin an bare an smile fi di camara.

Farrin Fowl: (*Rolls her eyes*) Whatever! By the way, who the heck are you getting married to anyway? I can't believe you found a husband and a dainty chicken like me is still searching for the right cock.

Yaad Fowl: Dat a your problem. Yuh is too blinking dainty dats why yuh cyaan get noh good cock. Well, mi a get marrid to wan nice fella name Mista Pea.

Farrin Fowl: Mista Pea? Now that's a lame name if I should say so myself.

Yaad Fowl: Well im full name a Pea Cock! Im come fram wan place name Cockburn Pen. An missis to tell yuh di troot, im is wan nice straptin, BIG black cock! A soh mi love my cock dem!

Farrin Fowl: Well good for you. I just hope he knows what he is getting into marrying you. You are too much to handle I tell you.

Yaad Fowl: Well if Pea Cock cyaan hangle mi, den mi jus do like moas fowl and move an to aneda cock. Plenty odda cock out deh a run wile like mongoose. Yuh tink mi fraid fi gi a cock bun?! Anyway, come wi get ready fi goh now. It a get late and my cock awaits. (*She grins*)

They leave the roost and strut down the road to the fowl coop where the wedding would take place. As they arrive at the entrance of the coop, they notice the groom dressed in vibrant shimmering colors waiting by the Pastor. The species of birds in attendance turn towards the door to get a peek of Yaad Fowl.

Yaad Fowl: Ah-rite Farrina, strut yuh stuff an galang uppa tap. Dem a get ready fi play *"Here comes di fowl all dressed in feadas."*

Farrin Fowl: (*Sobbing*) Oh Yaddie I am so nervous. Look at all those birds staring at me!

Yaad Fowl: Jehovah Gad! Farrina if a lick yuh, yuh lay a egg right yah soh! Galang dung di aisle mi seh soh wi can start di wedding parade! Is wah wrang wid yuh soh?! Cho fowl fedda man!

Farrin Fowl: (*Takes deep breath*) OK, OK...I am going. Dag these shoes hurt!

The theme music plays while Farrin fowl struggles to walk along the aisle in her high heel shoes. All the birds were frantically fanning themselves with their wings to keep cool. Yaad fowl boastfully struts in behind Farrin fowl, her buttocks switching from side to side.

Mother Hen: (*Tears flowing*) Oh look pan mi lickle chicken how she grow up to be a nice, fat and lovely fowl. Lawd a proud soh til. A cyan wait fi si di beautiful lickle eggs shi an Peacock ago mek.

Ghetto Fowl: Yes Modda Hen, she look hawty, but it look like yuh daughta a carry belly arredi. Mi neva si a fowl wid gut soh big yet unless dem have couple egg inna di oven.

Modda Hen: Shet up yuh mout an mine yuh bird beak bizness. Is troo shi tek too much fowl pill mek har belly big soh. Yuh too blastid outta arda. Yuh lickle mawga behine coulda do wid a couple a dem fowl pill deh well.

Ghetto Fowl: Modda Hen, noh mek mi rude to yuh tideh. Yuh is mi elda an mi noh waan haffi tell yuh two ghetto style badwod in yah!

Pigeon: Sssshhuuussshh noh Ghetto Fowl! Di Pastor ready fi chat.

The Pastor commands everyone's attention and silence. He then proceeds with the opening of the ceremony:

Pastor Jancrow: Dearly beloved feathered common fowls, pigeons, geese, roostas, an ugly patoos. We are gaddered here to hitch up Yaad fowl an bredda PeaCock. As di book of fus Samuels chapta 17, an verse 34 seh, "Some may sacrifice goat fi Faada Gad. An some will slay a lion or a bull cow fi di Savia! But a yellow belly Woodpecka shall NOT surrenda a fowl fram di flock, because when chicken merry, hawk deh near." If unu feel di spirit, mek mi hear all di cock dem crow wan time fi di holy ghost!

Roosters: (*Crowing in unison*) HERHERKERKEEERR!!!

Pastor Jancrow: Praises be to Big Bird! Anyway, mi noh plan fi tan up yah lang mek daylight ketch mi, cause jancrow noh wok pan Sunday! Soh if anybady in yah have any objections, unu please open up unu beak ar far eva hole unu peace!

Unexpectedly, rapid gunshots blast from the back of the coop. (*Braaagadaap!!*) Everyone ducks for cover and gasps in horror.

PeaCock: What di cluck?! A who dat a fiyah shat inna di miggle a mi wedding?!

Killa Cock: Oh sarry bredda Pea. Mi tink Pastor Jancrow did seh wi fi fiyah wi piece. Mi kina hard a hearing. Si wid mi.

Pastor Jancrow: (*Visible shaken*) Dats why mi noh like come a fowl wedding widout security enoh, cause some a unu behave like a set a jancrow sometime. Cho!

Yaad Fowl: (*Gettin up from the ground*) Hey crow foot bway! Tap friten mi soh man. Mi seh mi jus flash back to when Maas Winfred a chase mi troo di bush a buss shat afta mi, a try kill mi fi goh mek fricassee chicken fi im lang belly gran pickney dem. Cho! Carry on yaah Pastor Jancrow. An careful weh yuh a seh, cause evidently wi have some bad breed fowl up in yah.

Pastor Jancrow: Ah-rite sista fowl. As lang as nobaddy noh have noh ammunitian...eehmm mi mean objectian, I now pronounce unu Cack an Hen. Di two a unu may hug up an lack beaks now.

As they reach over to peck, an awkward sound came from the rare of Yaad Fowl, followed by a stifling stench.

Mother Hen: (*Fanning*) Kackafart! Wat is dat tinking smell man?!

PeaCock: (*Reacting angrily to Mother Hen*) Afta a noh mi a fawt ooman! Weh yuh a call up mi name fah?!

Mother Hen: Yuh hear mi call anybady name sah? Mi jus a ask is wah dat?!

PeaCock: Oh, troo mi hear yuh seh Cack-a-fart, mi tink a mi yuh a seh a fawt up di place. But Yaadi, is what yuh nyam before yuh come a di wedding? Yuh belly smell like yuh swalla wan 10 day ole dead muss-muss.

Yaad Fowl: Sarry mi sweetheart. Dat was anxiety fawt. Mi did a hole it fi soh lang, dat it jus get weh fram mi unexpectidly.

Farrin Fowl: (*Coughing and fanning her nose*) And you had to let loose right in my face. That's just sick Yaadi!

Yaad Fowl: An di nex wan mi leggo, mi ago mek sure leggo it straight inna yuh mout if yuh noh shut yuh beak! (*Turns to the guests*) Excuse dat outburst all. I pramise yuh dat it woan happen again.

121

Farrin Fowl: Good! 'cause you could have killed us all in here!

PeaCock: (*Rubbing her stomach*) Well is nutten fowl medicine cyaan cure. Right mi dawling chicken pot stew?

Farrin Fowl: You wanna bet? They have not invented a cure for that kind of nuclear gas yet. I should bottle some of that gas and take it home and sell it to our U.S. government. I bet they could wipe out all of Russia with that rotten smelling nerve gas.

Yaad Fowl: Pastor Jancrow wi dun in here sar? Caah I doan know why wi up yah a chat bout poop pan mi wedding day. It come in like pooping tempa is a big time crime nowadays. Mi neva si nutten like dis fram I was laid! (*Rolls her eyes*)

Pastor Jancrow: Yes Yaadi, mi dun fi di day but mi haffi seh fram mi a pitch pan dead meat in all mi years, mi neva smell nutten tink soh yet. Yuh sure sitten noh dead an bury inna yuh belly?

Farrin Fowl: If a mi like yuh mi noh mentian dat wod tink wid di same mout again yuh noh, caah it look like seh yuh noh know nutten bout Listarine. Beg yuh close up di ceremony mek I goh back a roost wid mi lovely Cock yuh hear. Unu is too brite!

PeaCock: No, no dawling. A noh time fi goh a roost yet. Wi still have di receptian fi keep.

Farrin Fowl: Do we have to? My feet are warped and soar from all this standing.

PeaCock: Miss Farrina, yuh realize seh yuh a di only wan in yah wid pike heel boot? Jus tek aff di boot and tap tun yuself inna pappy show!

Yaad Fowl: Pea, a noh lickle time mi tell har seh fowl an boot noh mix tigeda enoh. But a soh shi gwaany-gwaany like har meat too good fi wan jerk pan.

Farrin Fowl: Say what you want, but my feet will not touch this filthy ground with all this poop all around. Do we really have to party? (*Folds wings and pouts*) I want to go home!

Pastor Jancrow: Yaadi, mek a ask yuh sumting. Yuh neva tell yuh maid of honar dat di bird breed dem inna Jamaica noh ramp fi party and trow dung big bubbling? Yah man, A SOH WI DO IT! Sarry Farrina, but yuh can galang back a roost if yuh waan, but sessian haffi run. Wos like how mi si wan sexy lickle pigeon inna di front seat a bat har yeye affa mi.

The conversation is abruptly interrupted.

Killa Cock: Soh wait deh! A soh unu ago tan up deh an chat all day when time a goh an wi waan buss two chune and drink two liqua?

Yaad Fowl: Hole and deh Killa, receptian a goh start in jus a secon. Jus cool yuh crow foot an noh fiyah noh more shat in yah. Do mi a beg yuh!

Farrin Fowl: Well, I will just sit and watch. I can't manage the dancing in these shoes, so I will just make myself comfortable right here. (*She sits on a stool*)

Yaad Fowl: Well dem seh white fowl cyaan dance anyway, soh mite as well yuh siddung.

Farrin Fowl: Oh bite me Yaadi! By the way before you guys do your little shenanigans, where are the horsd'oeuvres?

Yaad Fowl: (*Looking confused*) Horse warra-warra? A wah dat yuh jus ask fah? Yuh mean harse manure?

Farrin Fowl: Forget it Yaadi! Just go do your thing. I will be over here.

Pastor Jancrow: Ah-rite Yaadi, unu gwaan inna di miggle a di fowl coop mek wi get dis party started prapa!

PeaCock leads his bride to the dance area while a Doctor Bird places a CD in a little boom box.

Pastor Jancrow: (*Yells*) AH-RITE PARTY BIRDS! Di session a goh start now an wi gwine mek bredda PeaCock an sista Yaadi gi wi a lickle bubbling sample. DJ Dacta Bud, play track 5 pan di CD chamba deh.

Track 5 starts playing (*Music by Silvercat*).

> *Mi have two fowl a mi yaad one a cack an wan a hen*
> *but di cack a put mi inna prablem*
> *Mi decide fi sell di cack*
> *but mi naah baadda sell im again*
> *cause a gif fram mi parents dem...*

On the dance floor to everyone's amusement, Yaad fowl begins to put on a show with her 'Peppa Seed' moves. All her guests cheer her on. She turns her back to PeaCock and shows off her wining skills. As she dances without a care in the world, Farrin fowl looks on in disgust.

Farrin Fowl: (*Rolls her eyes and mumbles*) Look at her, she has no shame whatsoever. She doesn't even notice that her girdle slid down to her toes. If that isn't the most ridiculous thing I have ever seen!

PeaCock: Tek time wid mi Yaadi. Yuh noh know all mi can hangle is di 'chicken scratch.' An beg yuh pull up yuh drawz fram affa di grung.

Yaad Fowl: Come aan PeaCock man. Move yuh foot to di ridim man. If yuh cyaan hangle dis, den a how yuh a goh manage mi lickle more inna di nite, eeh?

Pastor Jancrow pompously walks towards the dance area and sandwiches himself between the couple.

Pastor Jancrow: No disrespec PeaCock, but move fram affa di dance floor caah yuh naah gwaan wid a ting. Mek yuhself useful an goh ask di Guineafowl a di bar fi a white rum an carry it come gi mi. Mek I tek care a di wifie fi yuh.

PeaCock: (*He is offended*) But a weh dis dutty jancrow a come tell mi seh dowe, eeh?! Move an gweh!

Pastor Jancrow: But a who yuh really a style as jancrow lang beak bway?!

Yaad Fowl: Hole an a minute! Fi your infamatian yuh is a jancrow di laas time mi check! An mine how yuh a talk to mi husban in front a mi before mi pluck out yuh two yeye dem.

Farrin Fowl: (*Sensing a fight brewing*) Holy birdcage! Here it comes. Somebody is going to get hurt for sure. I don't know how a descent fowl like me gets mixed up with these unruly Jamaican birds.

PeaCock: Cool yuh feadas Yaadi. Is ah-rite, lef im to time. Smaddy soon tek a sling-shot an duss im out wan day. A full time wi lef anyway. Get yuh farrin fren an come wi lef fram bout yah.

Pastor Jancrow: Yes unu fly away! All mi did a do a try get a lickle rub fram di sistren an unu a gwaan a way. Yuh si all unu, when unu dead mi nat even a goh pitch pan unu caah unu a some dutty bungle!

Yaad Fowl: Farrina grab yuh boot an come aan. Wedding dun! Wi ago back a roost before mi damage dis jancrow in yah.

Farrin Fowl: Thank God! OK, here I come. (*Running with wings in the air*) Everybody hold your guns please! Don't shoot!

They hurry out of the coop and leave all their guests behind to carry on with the party. Once they arrive at the roost, an argument ensues between the newly weds.

PeaCock: What the chicken grease was dat about?! Yaadi, mi did warn yuh nuffi invite certain breed a fowl a di wedding caah some a dem a bare crassis! Si how yuh mek dat peel head jancrow bway mash up wi good, good wedding!

Yaad Fowl: Soh yuh a blame mi now, eeh? Weh di bird beak yuh did deh when mi did a put di wedding tigeda! Yuh inna rum bar wid yuh lickle shart stumpy Cack fren dem.

PeaCock: (*Turns to Farrin Fowl*) Yuh hear dis ole fowl a chat foolishness inna mi ears dowe eeh Farrina?!

Farrin Fowl: Look, as you all say in Jamaica,"fowl don't business in cockfight." Don't get me involved in y'alls mess.

PeaCock walks away furious and tells Yaad fowl he had no plans to return and live with her.

Farrin Fowl: (*Saddened*) Oh dear! Yaadi I am so sorry. I can't believe he walked out on you on your wedding day. Don't worry my friend. He's probably a lame, useless old Cock anyway.

Yaad Fowl: Is ah-rite Farrina. As Gad as my witness, nex time when mi a marrid, I will neva tek up miself wid aneda dysfunctional Cack like dat brute again.

Farrin fowl embraces Yaad fowl tightly, signifying her loyalty to their friendship. She assures her that no matter what; they are birds of the same feather who will always stick together.

126

LaVergne, TN USA
07 December 2010
207844LV00004B/221/P